读客文化

牛津通识课：古埃及象形文字

[英] 佩内洛普·威尔逊 著
颜海英 译

海南出版社
·海口·

Hieroglyphs: A Very Short Introduction
Copyright:© Penelope Wilson 2003
Hieroglyphs: A Very Short Introduction was originally published in English in 2003. This translation is published by arrangement with Oxford University Press. Dook Media Group Limited is solely responsible for this translation from the original work and Oxford University Press shall have no liability for any errors, omissions or inaccuracies or ambiguities in such translation or for any losses caused by reliance thereon

中文版权：©2021 读客文化股份有限公司
经授权，读客文化股份有限公司拥有本书的中文（简体）版权

图字：30-2020-138号

图书在版编目（CIP）数据

牛津通识课. 古埃及象形文字 / (英) 佩内洛普·威尔逊 (Penelope Wilson) 著；颜海英译. -- 海口：海南出版社, 2021.1

书名原文：Hieroglyphs：A Very Short Introduction

ISBN 978-7-5443-9512-0

Ⅰ.①牛… Ⅱ.①佩… ②颜… Ⅲ.①科学知识—普及读物②埃及—古代史—通俗读物③表形文字—埃及—通俗读物 Ⅳ.①Z228②K411.2-49③H022-49

中国版本图书馆CIP数据核字(2020)第186100号

牛津通识课：古埃及象形文字

NIUJIN TONGSHI KE: GU AIJI XIANGXING WENZI

作　　者　[英] 佩内洛普·威尔逊
译　　者　颜海英
责任编辑　胡守景
执行编辑　徐雁晖
封面设计　读客文化　021-33608320
印刷装订　北京盛通印刷股份有限公司
策　　划　读客文化
版　　权　读客文化
出版发行　海南出版社
地　　址　海口市金盘开发区建设三横路2号
邮　　编　570216
编辑电话　0898-66830653
网　　址　http://www.hncbs.cn
开　　本　787毫米 × 1092毫米　1/32
印　　张　6.5
字　　数　90
版　　次　2021年1月第1版
印　　次　2021年1月第1次印刷
书　　号　ISBN 978-7-5443-9512-0
定　　价　32.00元

如有印刷、装订质量问题，请致电010-87681002（免费更换，邮寄到付）

目录

致 谢

我要感谢牛津大学出版社的乔治·米勒（George Miller），是他率先邀请我写这本书，以及埃米莉·乔利弗（Emily Jolliffe），她在本书写作的过程中给予我很多帮助。我也要感谢“彼得”·肖尔（“Peter” Shore）教授，我很荣幸曾是他的学生，本书中的一些讨论正是源自他的课程，尤其是第七章中谈到的尼卡乌二世的圣甲虫护身符，虽然已过去多年，但我仍然记得那是我大学一年级时的圣诞节作业，而时至今日我才明白这项作业的意趣所在。我还要感谢罗格·迪金森（Roger Dickinson）、温蒂·欣德（Wendy Kinder）、卡伦·艾克赛尔（Karen Exell）、唐·威尔森（Don Wilson），以及那些匿名的读者，感谢你们阅读了这本书，并以多种方式提高了它的可读性。

本书是基于我曾阅读或研究的材料而写成的一本个人著述，如有遗漏，皆因我个人的局限性，其中的观点和谬误也仅代表我个人。

本书献给罗格。

插图目录

第一章

古埃及文字的起源

01

相关背景

古埃及文明大约存在于公元前 3500 至公元前 30 年。尼罗河从非洲东北角的第一瀑布向北流，由此形成的河谷和三角洲地区就是古埃及的地域范围。古埃及的西部、东部和南部是沙漠，北部和更东部是海洋，可以说尼罗河划定了古埃及的界限。古埃及的各种资源非常丰富，有大量的鱼、鸟、野生动物、驯养家畜，以及沙漠采石场中的各种石材与金属，尤其是东部荒漠中的黄金。最重要的是，每年尼罗河的泛滥可以带来新鲜的淤泥，使农田恢复生机。

古埃及人留存下来的纪念物和艺术品，很多都刻写着埃及象形文字。他们用这种图画文字系统地书写他们的语言，记录他们文化的方方面面。这些文字的信息告诉我们埃及人如何治理其土地和人民，也蕴含了他们的信仰、希望和梦想。尽管我们可以阅读象形文字，但这并不意味着我们能够了解关于古埃及的所有知识，一部分是因为这些文字是偶然幸存下来的，因此只是大量文本中的小部分；一部分是因为古埃及人只用文字记载他们认为重要的内容。这意味着我们要以非常谨慎的方法去解释和尝试理解文字的内容，因为这些资料留存下来的偶然性及其创作目的，决定了它们是有所偏颇的。然而，文字确实是我们了解古埃及人思想的切入点。

语言学家将古埃及语列为亚非语言的一种。也就是说，它与诸如柏柏尔语（Berber）和库希特语（Cushitic）的北非语言以及诸如阿拉伯语和希伯来语的亚洲（或闪族）语言有关。现在埃及人讲的是埃及阿拉伯语，而不是古埃及语，古埃及语现在已经是一种“死”语言了。这种古老的文字是北非和近东地区语言以特定语法系统结合而成的混合体。

早期岩画

最早生活在尼罗河河谷的人们可能来自不同的地方，他们带来了不同的语言和词汇。其中一处是与埃及西部接壤的撒哈拉沙漠边缘类似大草原的地区。大约在公元前 5000 年，生活于此的人们是狩猎采集者和牧人，他们靠采集食物和放牧维持生计。他们要记住良好的放牧区、水坑和穿越荒原边缘的路线。这样的记忆会通过口头传递，也可能通过图画传递。

这些早期狩猎者留下来的岩画被发现于西部沙漠的吉尔夫·凯比尔（Gilf Kebir）、乌韦纳特（Uweinat）和哈加绿洲（Kharga Oasis）附近的地区。[1] 这些岩画可能是这个地区图像文字（pictorial writing）的开端 —— 也就是说，是手持某种工具，画出一个符号来表达思想或观念的交流手段。众所周知，尽管很难确定岩画的年代，但其中一些被发现于新石器时代定居点的邻近地区，并与该地区人们的生活方式有关。它们也显示了将观念形象化的开始，以及按照某种方法把共有的沟通方式固定下来的需求。这两种达成沟通和图像可视化（visualizing images）的方式是理解埃及象形文字书写的两个核心概念。

最早的岩画描绘的是对创作者来说最重要的事物。它们展现了有着不同生活方式的人群。在乌韦纳特，牧牛人画的主要是牛，画面上还展现了自己跃过牛群及用曲棍放牧的场景。他们也用弓箭猎杀鸵鸟。哈加绿洲地区的岩画，表现的是戴着头饰的猎人在捕猎羚羊、长颈鹿和野牛。东部多山地区的人们猎捕的是犀牛、大象和鸵鸟。这些图像要么是用石镐在沙漠中露出的岩石上刻出的，要么是用红色或黄色的赭石、黑炭或者石膏绘制上去的。因为太过干旱，这些地区现在已经没有动物了，但显然在大约公元前 5000 年末的时候，它们对狩猎者来说很重要。[2] 狩猎者有可能在捕猎前就画出图像，作为希望捕捉到猎物的愿望；也可能在捕猎后画出图像，作为他们捕猎成果的记录。一些场景可能有相关的口头故事，当狩猎者向自己的伙伴炫耀成果时，这些岩画可以作为证明。在这些情况下，岩画是凝固了的动作的卡通形象，但它们也体现了图画、文字和声音之间的认知联系。

显然，当时的人们画的是对他们来说很重要

的东西，但是他们也有可能在其他载体上书写，比如兽皮、贝壳、树叶或树皮，甚至是他们自己的身体，只不过那些文字没有被保存下来而已。他们可以用印花图案、文身或者重要事物的图画遮盖住自己的身体，比如他们希望能在第二天抓住的鸵鸟，或是他们希望获得其力量的公牛。这些图像和图画可以使交感巫术（sympathetic magic）发挥作用，这是古埃及书写中的另一个重要概念。

船、景观和人

随着气候的变化，草原地区变得干旱，汹涌奔腾的尼罗河也平静了下来，人们得以进入尼罗河河谷和三角洲地区，他们以捕捉鱼和水鸟为生，在泛滥平原的泥泞田地里耕种。岩画中的船可能是在表现草原地区的狩猎者与尼罗河河谷和沼泽地居民之间的首次接触。在埃及东部沙漠被称为“干河道”（wadis）的古老水道中，也有许多岩画，其中最早的那些岩画也是关于船民的。

图 1　岩画，表现动物以及载有神祇或英雄的船。位于东部沙漠，瓦迪·阿布·瓦西尔（Wadi Abu Wasil）26 号遗址

这些船的形状各式各样——有些船是平底，龙骨呈直角，而有些船是圆底。船上通常载有人和桨手，有时候船上也有旗子和动物，它们可能与尼罗河河谷的早期神灵或酋长有关。埃及最早的前王朝文化，尤其是上埃及的涅伽达二期文化（Naqada II，约公元前 3500 — 公元前 3300 年）墓中也发现了绘有船和沙漠景观的陶器。毫无疑问，在尼罗河河谷中，船是重要的运输工具，它可能对战争、贸易

和早期酋长的地位也很重要（就像在我们的文化中豪华轿车或游艇代表了百万富翁的地位一样），这可能是船在岩画中地位非常突出的原因。每年的特定季节，降雨过后的河道会长满青草，人们可能在这个时候派遣远征队去收集半宝石、硬石或植物，也会捕猎或是放牧。以船为主题的岩画既可以使河谷地区的人想起他们的家，也可以标记被派遣的各个远征队的级别。长期以来，人们认为它们可能表现的是被派往红海并前往更远地区的远征队。这些船甚至意味着尼罗河河谷的人与埃及之外的沿河商人有实际接触，尤其是那些来自美索不达米亚的商人。岩画和陶器上某些船的图像可能与神话故事有关，这些故事中的英雄有的是冒险家，有的来自埃及之外的地方。这一时期，这个地区的人们已经可以讲述以下故事：英雄在海上遇见乘坐圆底船的人、英雄到达一个神秘的小岛、英雄找到了传说中沙漠里的黑色石头，或是英雄史诗般的旅程——穿越沙漠后又回到了他深爱的河谷。[3]这些关于船的岩画可能都围绕一个故事，也可能讲述了一千个不同的故事。我们不可能知道真相，因为口述的传统已经断了，但还是有一些信息传递出来了，最好的例子是位于尼肯［Nekhen，即赫拉康波里斯（Hierakonpolis）］的100号墓（Tomb 100）。

100号墓是尼肯首领的墓，尼肯是埃及的早期王国之一。这个墓有很多用泥砖建成的小房间，部分已经沉入了沙漠表层。当它在1896年被发现时，里面已经被洗劫一空，但墙上的壁画（虽然有损毁）描述了一个非凡的故事。壁画表现的是各种各样的船，上面有跳舞的女性、沙漠景观、动物、狩猎者、俘获并杀害囚犯以及驯服野生动物的英雄。据其艺术风格和考古材料判断，这个墓属于涅伽达二c时期（Naqada II c period，大约是公元前3300年）。这些场景似乎是埃及前王朝以来各种视觉艺术的巅峰。这个墓是尼肯人最重要的神话宝库吗？还是说它展现的是此人的一生，那些跟家人在一起的重要时刻——第一次狩猎、宗教仪式以及他的死亡？它可能是叙事或者宣传，也可能是虚构或者理想化的自传。[4]

阿拜多斯贵族墓中的文字

此后不久，在阿拜多斯［位于提斯（This）的另一个早期王国的墓］，当地统治者也被葬于精致的陵墓中，墓中有一个个单独隔间，用于放置统治者的尸体及其随葬品。约公元前3200年葬于U-j墓的墓主非常富有，他的随葬品包括来自叙利亚和巴勒斯坦地区的用于存放树脂或葡萄酒的罐子、一个黑曜石制成的盘子、一根象牙权杖，还有许多物品只有标签留存下来。在他的随葬品中，人们发现了大约190个木制或象牙制的矩形小标签，上面雕刻的图像文字表达了各种信息。最简单的是数字：一条竖线代表一个物品，两条竖线代表两个物品，“十”用倒转的马蹄形表示，“百”用旋涡表示。每个标签的拐角处都有一个孔，这样它就可以绑在它所标志的物品上——比如说，可能是一个装有三（段布）、两（块节日面包）的盒子或包。这些数字符号是埃及最早的可识别的文字，这是一种特别设计的象征体系，其内涵是指定的，无法靠推断获知。例如单条竖线的意思是清楚的（可以猜出），但旋涡这个符号，只有书写者和阅读者才知道它是数字“百”的意思。第二组标签上是一系列以奇特方式组合在一起的符号。学者们认为它们代表来自不同地方的物品：一个像大象的神龛和一头大象组合在一起，可能代表尼肯或阿斯旺；豺狼可能象征了中埃及的豺狼之地；弓箭手可能代表了东部沙漠中的弓箭手部落，他们可能把弓或箭作为贡品献给这位强大的阿拜多斯统治者。还有表示地名的文字，比如布托（Buto）以及地点已经无法确认的“战士之城”（Fighter-City）和“船之城”（Ship-City）。最复杂的标签可能表现的是管理活动，例如打鸟、捕鱼和织布，这些活动直接由王室和后宫掌控。已经被释读出来的符号约有 50 个，其中既有表音符号（phonograms），也有表意符号（ideograms），这表明当时的文字已经是一个成熟的体系。[5]

前王朝的墓里通常有陶器，这可能不是因为陶器本身的价值，而是因为陶器所盛放的物品——食用油、软膏、药膏、香水、啤酒、葡萄酒、树脂、谷物、肉、腌菜、果脯或肉干。陶器和石器是那个时候的塑料盒和塑料袋。这些容器上通常刻有或用墨水绘有符号，比如一个圈、一双手臂，或是一个十字形记号，在这些情况下，符号本身并非代表容器里的东西（毫无疑问，用来代表容器内物品的是标签，因为陶罐内会存储很多不同的东西）。这些符号代表的似乎是陶罐及罐中物品的所有权，因为，当埃及在大约公元前3100年的早王朝时期完成统一时，我们发现这些陶器上的刻画符号带有早期国王的名字。王名被写在名为“塞拉赫”（serekh）的矩形盒子里，塞拉赫的一半是垂直的竖线，另一半是图像符号，顶端立有一只鹰。鹰代表了国王，塞拉赫代表了王室居所，里面的符号就是用图画文字书写的王名。这些符号中最早被辨认出来的，应该是最重要的，这样比较合乎逻辑。在此处，王名表明国王对陶罐及罐中物品的所有权。塞拉赫是宫殿建筑群（其围墙带有凹凸的装饰）的程式化表现，这也是最早的王名标志，既保护着王名，也象征着王宫的管理机构。

纪念与记账，所有权与炫耀

据目前的情况看，早王朝时期阿拜多斯的墓中出现的文字不多。然而，这可能是一个错误的印象。这个墓似乎是国王居所的缩影，存放了他来世所需的所有东西。从食物、衣服、油膏（比如须后水和浴盐），到配得上国王的来世的精美进口商品，因此，他的王者地位对众神来说是显而易见的。古埃及人认为记录这些物品的所有权非常重要，因为这样就不会对所有权产生怀疑。还必须记录的是物品的数量和产地，这样生者就知道已经有多少东西被放在墓里了，这意味着同样数量的东西已经被从王宫仓房搬到这里了。这表明墓葬记录之后会被和王宫仓房记录进行比较，两者相符的话就可以计算出从王宫仓房中支出的物品的数量。王宫仓房无疑储藏着国王所有领地的产品及贸易往来所获得的商品，各个领地一定也有自己的交税记录，外邦也有贡品的账目，其中包括实际支付的数额及何时将贡品送往王宫。墓葬只是庞大的国家管理机构的一小部分，文字的使用暗暗透露着在其背后运作的庞大财政管理系统。如果说文字是出于税收目的而发明的，可能就不那么富有魅力了，但是，无论是为了国库还是为了来世而登记物品，都属于同一过程。

这个墓也是展现以死去国王为中心的膜拜仪式的聚焦点，它不仅是将死去国王转换到另一个祖先及神所在领域的媒介，也为炫耀其权力和地位提供了一个有限的场所。在这里，墓葬建筑将复活之力传送给国王的灵魂，用象形文字书写的王名也确保了他的永存。

约公元前 2800 年时，丹［Den，或德温（Dewen）］是埃及最早的伟大国王之一。他统治着以伊奈布 – 赫节（Ineb–Hedj）——“白墙（孟斐斯）”为首都的统一王国，他在阿拜多斯的墓为当时可能已经有了多少文字材料这个问题提供了最好的说明。

墓的入口处有两块巨大的石碑——上面只刻有王名的石板。王名写在矩形的王名框（塞拉赫）里，象征着荷鲁斯的鹰位于其上。里面是两个拼写了王名的象形文字符号：一只人手和一个锯齿状的水的符号——丹。墓中还有很多刻有铭文的标签及罐子的封口物，它们记录了国王的第二个名字：卡塞提（Khasety）或塞姆提（Semty）。一些标签记录了国王统治时期的“事件”或“节日”，作为其统治的年度记录（年鉴）。它们记录了一个成功国王鲜活的神话。

图 2　阿拜多斯的丹的标签

通过仔细查看阿拜多斯出土的国王丹的一个标签，我们可以知道那个时候的象形文字和图像的使用发展到了何种程度。这个木制标签（大英博物馆

32.650）的尺寸是 8 厘米 ×5.4 厘米，上面的文字是从右向左读的。标签的右上角是用来系东西的孔，最右边高高的竖直符号是一棵有凹口的棕榈树，意思是“年”，所以读作“…… 的一年”。右上方的场景是一个坐在亭子里的人物形象，亭子坐落在带阶梯的平台上。他戴着白冠，手里拿着连枷。在他面前，一个戴着上下埃及双冠的人拿着连枷和权杖在两组半圆形界石之间来回奔跑。这个事件是赛德节，国王在位一段时间后，通过在标记好的路线上奔跑来证明自己的健康和活力。

下面的场景不太清晰，但似乎是一个四周有围墙的场地，里面有几个象形文字符号，可能是一个城镇的名称。左边的场景，学者们最初的解释是一个很小的蹲坐女性形象，她面前的象形文字可能是她的名字。她后面是一个戴着头冠、拿着桨和棒的男性形象。他上方的三个象形文字符号分别是带有人腿的容器、一匹布和一个可能是秃鹫的标志。在他身后，上面的两个符号是国王丹的第二个名字，下面的符号是某种可移动的神龛。下面残损的场景里有鸟、土地和植物形状的象形文字符号。左边的大片空白处写着丹的名字塞拉赫，塞拉赫左边是一个头衔“下埃及之王的掌玺人”（Seal bearer of the king of Lower Egypt），还有他的名字“赫马卡”（Hemaka，写作一根绞绳、一把镰刀和两条胳膊）。赫马卡是国王丹的股肱之臣。左侧是另一个有符号的矩形，其中最后一个单词的意思是“建造”。下面的单词意为“国王的居所”。标签左下方的象形文字可以被识读出来，它们提及的是“荷鲁斯王座”和一个台基。它们进一步说明标签是用于油罐的，或许是用于记录油的生产日期和具体产地。或者，该油可能与标签所描绘的事件有象征性关联，要么是涂油礼所用，要么是供奉所用。该标签记录的是“举办赛德节的一年，开始了美丽之门的节日”，或许也记录了和建造国王宫殿相关的事件。从以上的部分解释中可以清楚地看到，标签中的符号提供了很多信息，并可以作为成熟的书写系统使用。

在丹的墓中总共发现了 31 个这样的“年鉴”标签碎片，它们提到了“在湖上抬神像巡行”或“在布托附近捕获野牛”之类的事件。很显然当时有记录仪式和经济收益的传统。丹的墓中还发现了其他有铭刻的物品，包括刻着为国王殉葬的人的名字的石碑、有铭刻的游戏用品，以及陶罐的封口物。其中一些物品重复了标签上的“仪式性事件”，比如下埃及的国王用矛刺河马，当然也记录了王名。丹的墓中最有趣的私人物品是一个象牙盒子的盖子，上面的铭文表明这个盒子曾经装着丹的王印。[6]

也有迹象表明，在仪式性神庙中，象形文字铭文与系统描述纪念性事件的图像结合在一起，彰显着王权。这一时期最著名的例子是纳尔迈调色板，这显然是 0–1 王朝的物品（约公元前 3100 年），它由板岩制成，上面饰有凸浮雕。纳尔迈调色板发现于尼肯，它表明纳尔迈国王是上下埃及之王，他的名字用鲇鱼和凿子的象形文字符号书写而成。作为南部埃及王国（大概以尼肯为中心）的国王，纳尔迈正准备猛击敌人的头部，从敌人的形象来看，他们与埃及人有着文化上的差异。纳尔迈调色板并没有展现敌人的死亡，因为被描绘的那一刻恰好是国王行动的前一秒 —— 国王可以杀了敌人，也可以放过他。作为北部埃及王国 —— 大概以努布特［Nubt，即翁布（Ombos）］为中心 —— 的国王，纳尔迈参加了一场胜利大游行，查看了敌人被斩首的尸体，他身旁有一个为他提凉鞋的男子，还有一个戴着繁重假发、穿着豹皮衣服的人。这个人要么是大臣，要么是高级祭司。尽管调色板是用来磨制化妆颜料的，但纳尔迈调色板的大小、装饰以及上面的象形文字表明，它是为了在游行中或是在尼肯的荷鲁斯神庙的圣殿中展出用的。它纪念纳尔迈的功绩以及国王对荷鲁斯神的奉献。

材料

到了早王朝时期，书写原则必然已经牢牢嵌入埃及的王权体系之中，这样才能对复杂的社会进行统一的行政管理。显然，在这种情况下，书写及其背后的观念早已出现，但我们很难追溯其发展的所有阶段。彩绘的涅伽达陶器很难算是真正的书写文本，但如果书写早期文献的材料是编织垫、纸草、木板、黏土或泥的话，它们没能保存下来，因为它们没有被埋在出土了很多材料的墓葬中。

纸草的发展也是书写越来越成为重要交流方式的关键因素。纸草是由纸莎草植物芦苇状的丰富的髓制成的，当这些髓被捶成细条并干燥后，会形成良好、光滑的书写表面。纸草便于携带，还可以卷起来或多次使用。我们知道埃及人是编织垫子和篮子的专家，因此从新石器时代开始，他们就习惯处理各种芦苇和草。他们很可能在前王朝时期就尝试制作纸草，并将其用作书写或者绘画的载体来传递“便携式”信息。从早期的王室墓葬可以看出，充当书写材料的有很多种：骨制、象牙制的标签，陶罐上刻有铭文的木头，用墨水题词的陶罐，刻有王名的石碑，绘有图像的石片（陶片）。还有泥上的印记，它们再次表明国王对各种陶罐及罐内物品的所有权。赫马卡是第一王朝的官员，在他位于萨卡拉的墓中，人们发现了一卷空白的、从未使用过的纸草。

作为一种能够轻松复制书写符号的工具，印章印记本身就很重要，因为一枚印章就可以创造大量印记。留存下来的一些早期印章是石制或木制的圆柱体。“圆柱印章”的中心有孔，印章外表刻有凹浮雕（sunk relief），通常是王名、其他词或是一个场景。用细绳或木棍穿过中心的孔，圆柱印章就可以在湿黏土或泥上滚动，印章上的纹饰就会清晰地印在泥的表面。虽然这是早期埃及一种典型的密封陶罐的方法，但圆柱印章可能是美索不达米亚的发明。埃及人使用圆柱印章的事实使学者们产生一种假设，即书写的观念，尤其是用图像书写（象形文字），来源于美索不达米亚。

美索不达米亚的影响

美索不达米亚是底格里斯河和幼发拉底河之间的地区，主体在现代伊拉克。大约在公元前 3500 年，以苏美尔为中心的美索不达米亚文明是一个强大而复杂的社会，其都城是乌尔（Ur）。这个社会有城市和书写系统，还有一个发达的用来监督税收和控制剩余农业资源的行政管理系统。美索不达米亚可能与尼罗河河谷之间存在某种联系，或许是海路，或许是陆路，这些路线既可以到达北部埃及，也可以通过干河谷到达上埃及，其中心主要是涅伽达和尼肯，也可能是提斯。美索不达米亚可能需要埃及的原料，比如金子、谷物或石头，而埃及可能需要美索不达米亚的商品，比如锡和木材。两个地区之间似乎也有无形的往来与交流，比如技术思想、文化发展和人。在埃及的前王朝时期和早王朝初期，我们可以看到一些美索不达米亚的技术和文化特征：泥砖、凹凸装饰的建筑、地下房屋［迈阿迪（Maadi）地区］以及“驯兽”的艺术主题（100号墓）。在所有传入埃及的观念中，就有图画文字的观念。在美索不达米亚，苏美尔语是写在泥板、刻在印章上的图画文字（pictorial script）。美索不达米亚人大约从公元前3500年开始使用文字，尤其是国家行政管理机构用文字来记录交易和记账。我们可能永远无法从考古证据中确切了解埃及受外部因素影响的程度，但就算曾经有过接触，埃及人也发展出了自己的书写系统，他们使用了自己的方法，并没有从外界借鉴更多的东西。

随着埃及考古工作的进展，我们可能会发现比目前已知时期更早的埃及人使用文字的证据。埃及和美索不达米亚的早期接触似乎没有留下真实的痕迹，最终这两个文明都独立发展出了自己的文字系统。竞争者之间的联系即使有可能发生，也很难确定；但是，二者有着相似的地理环境和农业技术，因此，它们对国家及其资源的控制有着相同的要求也就不足为奇了。有趣的是，在美索不达米亚，图像形式的文字很早就被舍弃了，取而代之的是高效得多的“楔形文字”，该书写系统使用的是小的楔形的文字。与此同时，埃及人发展出了双重书写形式，他们保留了用于特殊目的的图像文字。

推动与统治

就丹的墓而言，文字被用来命名、说明身份、记账以及记录与国王有关的特殊仪式事件。这些基本记录发挥着纪念性仪式的作用，对此早王朝的墓和神庙沉积物是我们唯一的考古证据。它们似乎只适用于上层贵族并记录他们所关心的事情。我们之所以有这种印象，是因为在河谷和三角洲的定居点，很少有文字被用于王室纪念性仪式。但是，不可能每个地方都如此，埃及的主要行政中心会有很多类型的书面文件，但它们没能保存下来。实际上，埃及国家的成功建立在管理剩余农产品的大型组织之上，这些组织可以养活那些为国王从事非农业活动的人，比如工匠、官僚、军队、采石远征队的成员以及王室成员。

一年的规划以一次特殊的天文现象为基础。在洪水开始泛滥的时候，天狼星在消失了 70 天之后首次出现在埃及。这个巧合标志着整个管理年份的开始并被全部记录下来。天狼星升起的时间（埃及的索普代特女神）和尼罗河泛滥的高度都需要认真记录下来并反复核对。泛滥始于 7 月中旬，持续覆盖了尼罗河河谷和三角洲约三个月，之后开始消退。尼罗河泛滥的理想高度在阿斯旺约为 20 腕尺（10 米），在开罗附近约为 12 腕尺（6 米），在三角洲地区约为 7 腕尺（3.5 米）。如果水位高出这个数值，聚落和农田可能会遭到破坏；如果水位低于这个数值，土地被淹没得不足，就没有足够的水来维持农业，生产所需粮食和剩余产品。因此，埃及最南部的阿斯旺是测量水位高度的关键地点之一。王室官员一旦知道水位高度，就可以根据以往档案的记录计算出这一年应该征收多少税，以及可以组织哪些活动以满足国王的荣耀需求。该财政收益被细分为单元，如此一来，在三个月后洪水开始消退的时候，书吏就可以马上划定土地的确切面积，并告知农民其预期收入。根据阿斯旺的第一个水位高度的记录，国王就得知了他可以负担得起什么样的建筑工程、能投入多少工匠和专家以及能进行几场对外战争。当水位过低的时候，国王会知道他要明智地管理自己的资源，也许会缩减建筑工程的规模并减少神庙捐赠。

通过详细记录和使用档案，这些都可以实现。任何一个称职的国王都会投资书吏培养计划，甚至他本人也会接受相关训练。因此，测量、记数、核算、征税是埃及发展出一个明确的文字系统的实际动机。文字发展的意识形态层面的原因，则是通过记录这些信息来确立国王在现世、来世以及众神领域中的地位。

| 第二章 |

象形文字与埃及语

02

神圣符号

语言是一个不断发展变化的系统。新单词被创造，旧单词被淘汰，单词的含义、发音、结构发生改变，语言的语法框架也随之发展。在 16 世纪和 17 世纪，英语单词“piggin”描述的是小木桶，而现在，它的含义鲜为人知；还有，在古英语中，从句中的动词位于句末，“they knew then that they naked were”，这样的词序同样没有保留下来。埃及语也是一样的，早王朝时期使用的口语和记录它的文字在此之前已经发展了 3000 多年。

埃及统一国家的崛起必然会促进文字系统的发展，从而为国王及宫廷做精确的记录。传说中，埃及第一位国王美尼斯（Menes，“创建者”）在三角洲最下端建造了都城孟斐斯，这是国家的行政中心。孟斐斯的守护神是工匠神普塔（Ptah），这并非偶然，人们相信普塔通过思考事物的名字而创造了世界。当普塔说出那些名字时，他就赋予了观念以形式，于是那些事物就诞生了。文字是以具体形式创造并记录观念的方法之一。在孟斐斯工作的书吏和官员将知识传授给他们的儿子，奠定了由掌握文字的官僚所构成的精英阶层的基础。从一开始，圣书体字就和日常生活中使用的草体字存在差异，后者更常见，也更广为人知。

埃及语中用来表示图像文字的单词是“medu-netjer”，意为“神的话”（words of god）。这似乎被认为是象形文字的主要功能：帮助埃及人与他们的神进行交流。在主要与神和神庙相关的建筑中，以及在神圣世界接触世俗世界的地方（坟墓和墓地），这都是可能的。除此之外，由于国王是人和神之间的媒介，因此几乎所有与国王相关的官方或纪念性的东西都要用圣书体书写。图画形式的象形文字的绘画或雕刻是一个很耗时的过程，书吏必须画出每一个鸟类符号（bird-sign）的每一根羽毛，这肯定会花费大量时间。对书吏来说，正式的象形文字书写并不高效，为了加快书写速度，他们发展出了一种速记体，也就是我们所说的“僧侣体”。用僧侣体书写的语言和用圣书体书写的语言并没有什么不同，二者继续并行使用。它们的差别就像是“装饰华丽的”书写（比如《林迪斯法恩福音书》中的字母或《古兰经》中的书法）与“真实的”书写（草书）之间的差别。通常来说，文本越具有纪念意义（神庙、墓地、石碑），用圣书体书写的可能性越大。因此，埃及语具有双重性：语言和书写；圣书体和僧侣体。

纪念碑上的埃及语在发音和使用上有正规的限制，尤其到后来，它们听起来一定是古体的，并且有一些不自然。每当说或写这类埃及语时，便立即有种与神圣领域正式交流的意味（可以参照日语，与儿童交谈和与你的老板交谈，使用的称呼和正式程度都是不同的）。纪念碑上的圣书体是一种地位极高的语言。

字符

字符通常是从右向左书写和阅读的，但有时候也会从左向右读，特别是出于审美目的时。铭文既可以水平书写，也可以竖直书写。埃及语在形式上是灵活多变的，很容易根据书写的地方进行调整。埃及语中有具象的符号，比如动物、鸟、男人、女人、蛇或鱼，它们通常都是侧面的，这意味着它们要么朝左要么朝右。为了明确从哪个方向阅读铭文，所有的符号都朝向同一个方向，应从面朝符号的方向开始阅读。看下面这句话就足以了解应从哪个方向阅读了：

在这个例句中，举手的男人、长角的蛇、雏鸟鹌鹑和猫头鹰都朝向右边。铭文是从面朝符号的方向开始阅读的（从头到尾），因此是从右向左阅读。

在埃及语中，只写辅音，不写元音，因此，一个写下来的单词可能会有各种各样的元音排列组合。比如，表示“房屋”的单词写作，p–r。它的读音可能是“per”“aper”“pero”或“epre”。单词的发音可能会根据它在句子中的功能而有所不同：“房子很大”=“per”（房子是句子的主语）；“人走进了房子”=“epre”（房子是句子的宾语）。引申来讲，时态的细微差别可能是通过口语表达的，而不是用书面语表达，时态的变化确实存在但没有被写出来。

为了交流彼此对埃及语的理解，埃及学家使用了一个将象形文字转写为以罗马字母为基础的符号系统。这种用一种语言的字符呈现另一种语言的字符的方法被称作“转写”（transliteration）。比如，单词的转写是rˤ，后一个符号代表的是ˤayin，英语中没有这个发音，但闪米特语和阿拉伯语中有这个发音。它的发音类似“raa”，是“太阳”或“天”的意思。当写下rˤ的时候，埃及学家可以阅读该词并根据句子的上下文理解该词。对详细拼写的单词来说，转写并不重要；但有些单词会以非常简略的方式书写，如何理解它们会影响到对句子含义的解释。比如说，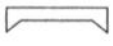本身读作 pt，意为“天空”，或者读作 ḥry，意为“上面”或“首要的”。运气好的话，该符号所在的句子的其余部分（上下文）会帮助我们理解其含义。

表音符号

埃及语中没有真正的“字母表”，但埃及学家创造了一个字母表，以此作为学习象形文字的开始。这个字母表的符号按照现代语言学的顺序进行排列，它还包括一些英语里没有的语音。它非常接近希腊作家普鲁塔克的描述，即埃及语中共有 25 个辅音（《伊西斯与奥西里斯》，56）。这个列表中的所有符号都是单辅音，其阅读方向是从左向右。

字母表的开头是在英语中被归为元音，但在埃及语中被归为辅音（语音的基本元素）的那些字母。其后是通过唇（唇音）、上颚、舌或喉发出的声音，它们可以用力发出，也可以轻轻呼出。

符号	转写	辨认	读音
	ꜣ	秃鹫	a（声门音在 a 前停止），希伯来语的第一个字母（aleph）
	i	芦苇	i、y（闪米特语的 yodh）
	ʕ	前臂	英语里没有的喉音，father 里 ʕayin 的 a
	w	雏鸟鹌鹑	w
	b	腿或足	b
	p	凳子	p
	j	长角的蛇	f
	m	猫头鹰	m
	n	水	n
	r	嘴	r
	h	芦苇庇护处	house 里的 h
	ḥ	扭曲的纤维	重读的 h，就像是 ha!
	ḫ	筛子	软音 ch，就像是苏格兰语的“loch”
	ẖ	动物腹部	硬音 ch，就像是德语的“ich”

续表：

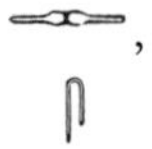	s	门闩 / 折叠的衣服	s
	š	湖	sh
	ḳ	山丘	重读的 k
	k	篮子	k
	g	盆座	g
	t	面包	t
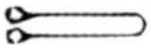	ṯ	捆绑的两腿	tj 或 ch
	d	手	d
	ḏ	蛇	dj

以上内容并不是埃及人使用的分类。这纯粹是为了现代语言学习者的方便，它代表的是埃及语的单辅音。中埃及语大约有 700 个符号，这个列表中有 24 个符号，显然埃及人使用的其他符号有其他类型的发音，它们也是用来表达概念的。双辅音符号有两个音，通常是以上列表中的一个单辅音再加上前四个单

辅音的其中一个： mi， pꜣ， nw， ḥ̱ʿ。三辅音符号有三个音： ḫpr， ʿnḫ， zbꜣ。

音符和意符：表意符号

这组符号几乎是真正的图画文字，它们代表的就是它们所描绘的东西，也有对应的音值： pr“房屋”， ib“心”。当一个单词由表意符号构成时，符号下会有一条小竖线，表明它们不是纯粹的表音符号。

限定符号

埃及语的每一个单词都由这些符号构成，它们在单词中有不同的用途。“猫”这个单词写作。这个单词中的每个符号扮演着不同的角色。前三个符号都是表音符号，它们告诉读者该如何发音。第一个符号是系着细绳的牛奶罐，它是表示两个音的双辅音 mi，听起来像是“mee”。第二个符号是芦苇，它是单辅音 i“ee”，在这里当作 mi 的音补。第三个符号是鹌鹑，是另一个单辅音 w，发音为“oo”。这三个符号使这个单词听起来像“mee-oo”，这是“猫”的拟声词。第四个符号（最后一个符号）扮演着不同的角色。这是一个坐着的猫的形象，它的尾巴在背上卷起，就像是现实生活中的猫和许多猫形的青铜小雕像那样。这个符号“限定”了整个单词的含义，但它不发音。对于名词（事物的名称）来说，限定符号对判断单词从哪里结束、从哪里开始非常实用，这主要是因为古埃及人不用标点符号；但在用僧侣体书写的新王国诗歌中，每行字上都有圆点（用于断句）。对动词（描述动作的单词）来说，还有另一组限定符号反映所描述动作的类型。有的很明显：

 wnm“吃”

 ḥwi“击打”

有的不太明显：

 s3“虚弱”

这个单词有两个限定符号：麻雀和脓包。二者

在埃及语中都有“坏”的含义。麻雀可以表达“小”或“缺少某物”的含义，因此，尽管它本身不一定是坏的，也不一定有威胁性，但它可以表达不受欢迎的意思。脓包是与疾病和“恶”相关的符号，但它不能一下子被识别，事实上，关于这个符号的鉴定仍然存在争议。

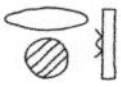 rḫ “rech”，“知道”

这里的限定符号是卷起来并用绳子捆住的纸草卷。由于纸草包含文字和知识，这个限定符号的使用看起来相当明确。这是一个常见的限定符号，在有的单词中很难理解其使用的原因，但实际上它可以表达更抽象的概念。因此，这是一个实用的、笼统的限定符号，比如， hr “her”，“高兴、满意”。

限定符号的作用并不局限于充当词尾，它还会影响整个单词的含义，根据上下文，它们会给单词带来微妙的（或者没有）附加含义。比如，单词 wn 的含义可以根据限定符号的变化经历以下转变：

	被剥去（头发或树枝），无毛的
	匆匆走过（限定符号是跑动的双腿）
	打开（限定符号是门扉）
	照亮（限定符号是太阳圆盘及其光线）
	孩子（限定符号是婴儿）
	错误、责备（限定符号是麻雀，有时候限定符号是脓包）

字符和语言：使用与发展

埃及学家把语言和字符的发展分为几个阶段。目前对这种发展的理解取决于物质材料的保存以及学术研究的进展。这意味着我们的知识中有一些空白。还有，埃及语的变化速度不是恒定的，这和文本类型有关。信件、收据这样的日常文本会更早地显示出语言的“新”阶段，而神庙和纪念性建筑上的圣书体则展现出较少的变化，并保留了古朴的形式。

表 1　埃及使用的字符与语言

字符		公元前3000	公元前2000	公元前1000	0	公元500
圣书体： 纪念性文献和宗教文献， 公元 495年	阿拜多斯， 古埃及语	《金字塔铭文》， 中埃及语	后期中埃及语，古体中埃及语， 神庙、石碑、雕像等		最后的文献是 公元495 年	
线性僧侣体： 日常文献、宗教文献、 纪念性文献		中埃及语，中埃 及语《石棺铭文》	后期中埃及语《亡灵书》， 中埃及语			
草书僧侣体： 日常文献、文学文本		中埃及语书信等， 中埃及语	后期中埃及语	新埃及语		
不规则僧侣体： 日常文献			新埃及语	古世俗体		
世俗体： 所有文献类型，一开始 用于日常文献，最后 用于纪念性文献				世俗体		
科普特语： 所有文献类型					科普特语	

表1显示，在特定时期字符以何种方式用于特定的文本类型。这些时间框架并不总是与传统编年表格所展现的政治变化相对应，它们反映的是文化变化，也反映了经常被刻板的王表所掩盖的埃及社会的转折点。从表1中我们可以看到，从古埃及语到中埃及语的变化大约发生在公元前2200年，后期中埃及语大概于公元前2600年开始使用，新埃及语大概于公元前1300年开始使用，这又预示着古世俗体（Archaic Demotic）在公元前700年左右逐步转变为真正的世俗体，最后，可能从公元2世纪的某个时候起科普特语开始使用。该表表明，圣书体在古埃及3000年的历史中一直在使用，只要神庙中的古老神祇和墓里的埃及宗教需要纪念性的文本，圣书体就会一直被使用下去。

语言的发展阶段

古埃及语是埃及语的主要版本，它被用来书写《金字塔铭文》。从第五王朝的乌纳斯（Unas，约公元前 2200 年）开始，《金字塔铭文》就被刻写在国王及王后的金字塔里，它们是一系列供国王在来世使用的咒语、仪式和路线描述。通过使用这些文字，国王可以避免危险，可以与来世之路上的众神交流，还能获得更多的力量和魔法能力。除此之外，国王会以星星的形式死而复生，并加入不朽的拱极星行列（众神的灵魂）；他会变成冥府之王奥西里斯；他还能变身为光，并在每天穿过天空的太阳船上为太阳神拉服务。也有学者认为，这些文献涵盖了更广泛的体裁，有着多种源头：从圣歌和赞美诗到故事和诗歌。人们认为，这些文献是关于国王身份和他与众神关系的王室仪式的古老信仰和观念的集成之作。显然，国王需要一个书面版本的咒语，这样他才不会忘记咒语并能随时参考它们。因此，这些文献被刻在国王的墓室墙壁上，在装有木乃伊的国王石棺的旁边。在这一阶段，铭文里没有任何场景或图像，符号是用绿色或蓝色的颜料填充的。这些文献可能是由祭司和智者完成的汇编，供古王国后期的国王使用。乔赛尔的阶梯金字塔和吉萨大金字塔里几乎没有铭文，因此我们不知道古王国后期的国王是否使用了更早版本的《金字塔铭文》，它们或许曾被写在纸草上，但现已失传。《金字塔铭文》成为更普遍使用的宗教文献——《石棺铭文》（中王国）和《冥府之书》（*Book of What is in the Underworld*，新王国及以后）的基础。

值得注意的是，帕勒摩石碑也书写于第五王朝。它是刻有王室年鉴的神庙墙壁的残余部分，这些年鉴类似第一王朝的标签。这个特殊时期可能发生了某些事情（或许是政治动荡），致使编纂和收集早期作品成为国王优先考虑的事。一遍又一遍地收集、再抄写和编辑文献的动力成为贯穿整个埃及历史的传统，这也表明象形文字有着将权力合法化的作用。[1]

除了上述的《金字塔铭文》和帕勒摩石碑之外，古埃及语也用于书写其他文献。现存的有官员们墓室中的自传体铭文、王室诏令、一些包括信件在内的僧侣体纸草，以及一套被称为“阿布西尔纸草”（Abusir Papyri）的著名神庙档案文件。这些肯定只是已经失传的大量文本中的一小部分。古埃及语与之后的语言形式之间的最大差别是它的动词结构，古埃及语的词尾有屈折形式的变化，[2]完全没有假动词结构。[3]就语言的书写而言，古埃及语通常会省略第一人称后缀“我”（主格和宾格）和“我的”；单词的拼写大多是冗长且完整的，每一个音都会被仔细表达出来，有时候甚至不止一次。在《金字塔铭文》中，如果要从一列接到下一列，书写的人非常不愿意拆分单词，他们更愿意在一列的末尾空出位置。在这一阶段，总共大约有 1000 个象形文字符号。[4]

中埃及语后来被埃及人自己视为埃及语的古典形式，它也是使用时间最长的语言。中王国时期，中埃及语被用来书写各种类型的文献，在此之后，直到古埃及文明结束，它一直被用来书写纪念性文献（墓里和神庙里）。在中埃及语阶段，王室学校将单词的拼写标准化，这意味着象形文字符号的数量减少到 750 个左右。直到托勒密和罗马时期，圣书体依然被用于书写纪念性文献和宗教文献，在那时，有超过 7000 个独立符号被使用。从语法角度来说，古埃及语和中埃及语都倾向于使用“动词 — 主语 — 宾语”的语序，这被称为“综合模式”。在这种情况下，有关时态和语态的所有信息都体现在动词的书写形式中，有关主语和宾语的所有信息则附在后面。

新埃及语的书写系统、语法和词汇都与中埃及语有很大不同。动词形式的书写更为迂回。也就是说，由小品词或短语引导的主语也可能体现时态和语态。动词则位于第二位。因此，这种“分析模式”将语序转变成了“主语—动词—宾语”。

中埃及语：

 sḏm=f 动词（听，现在时）

+ 附加的主语（他）“他听”（he hears）。

新埃及语：

 ir=f sḏm 动词（做），

附加的主语（他），实际的动作（听）“他听”（he does hear）。

对埃及学家来说，新埃及语有一个优点：在中埃及语中，任何微妙的时态变化都是通过声音表现的，书写中没有任何痕迹；而在新埃及语中，时态

和含义的微妙变化可以通过更换引导成分来实现，动词留在那里即可。也就是说，在动词本身不变的情况下，可以改变句子的含义、时态和语态。因此有了以下形式：

	i–ir–f sḏm “that he hears” （他听）
	wn=f ḥrsḏm “he was hearing” （他那个时候正在听）
	mtw=f sḏm “and he will hear” （他将会听）

请注意，在以上三种情况中，动词形式和它在句子中的位置都保持不变，所有的信息都是通过更改第一个成分来表达的。

新埃及语也包含外来词汇，比如外国城市名称、描述非埃及事物的单词［类似于英语里的“sushi”（寿司）］，或是已经被广泛使用的单词，比如埃及语的 r–bl，“out”［类似于英语中的“par excellence”（最优秀的）］。例如，其中一个从闪米特语中借用的外来词汇是“海”， ym “yom”。这一变

化反映了埃及社会日益国际化的性质，尤其是在新王国开始及以后的首都孟斐斯。孟斐斯一定是古代世界各种文化和语言的大熔炉之一，作为埃及的首都，孟斐斯所使用的语言推动了整个国家的语言发展。从新王国开始（如果不是更早的话），用中埃及语圣书体书写的纪念性文献与用新埃及语（大多是僧侣体）书写的文件及文学作品之间，开始有了明显的区别。从某种意义上讲，中埃及语变成了一种僵化的语言，就像是中世纪欧洲使用的拉丁语一样，埃及语本身则继续变化发展；甚至用圣书体书写的新埃及语的文本看起来也有所不同，比如埃赫那吞的《阿吞颂歌》（*Hymn to the Aten*），很多较小的符号被压缩成单词块（word blocks），书写空间通常被小竖线或 t- 符号填满。

公元前 7 世纪，新埃及语本身被一种“新的”文字取代，这种文字被用来书写成熟的语言形式，这种新的文字系统和成熟的语言形式都被称作世俗体（Demotic）。世俗体可能是在当时的埃及首都塞易斯（Saïs）创造出来的，但更有可能的是，孟斐斯和塞易斯的书吏为了共同的利益一起发明了这种新的文字，从而使埃及在努比亚国王入侵和统治之后回到稳定的状态。

和之前的任何书写形式相比，世俗体看起来更不像圣书体，尽管它从圣书体中提取了一些形式，但它非常像草书，而且只从右向左书写。世俗体体现了新埃及语语法结构的持续发展，埃及人所称的“不规则僧侣体”可能是连接新埃及语与世俗体的纽带。在书写中，一个明显的趋势是动词和名词各自有专门的限定词；当书写名词的复数形式时会使用一个复数标记，这样字母会显得更有条理。世俗体被用来书写所有类型的文献，包括传说、祈祷文、信件、婚姻契约、购买清单、神谕等。这些都是展现古代生活的丰富材料。

世俗体以难学著称，全世界只有极少数人可以阅读并翻译现存的世俗体文献。有些世俗体文献被费力地刻在神庙、墓碑和官方教令中。作为日常使用的语言，埃及的每一个市集、每一个街角和每一个家庭中都会听到它。对这一时期的大多数埃及人来说，圣书体离他们的日常生活非常遥远。托勒密时期，在记录神庙捐赠的官方教令中，比如罗塞塔石碑或卡诺普斯教令（Canopus Decree），同一个文本会用三种语言书写：希腊语（受众是当时的行政管理者）、圣书体（受众是神）和世俗体（受众是其他人）。这些语言反映了当时埃及社会的分层和沟通方式的分界。世俗体本身也可以按照年代划分：早期（塞易斯和波斯时期）、托勒密时期和罗马时期。最晚的可确定年代的文献在菲莱神庙中，约写于公元 450 年。从词汇、句法（不同地区有差异）和笔法（各个书吏有所不同）中可以看出世俗体各阶段的差异。

埃及语的最后一个阶段是公元 2 世纪。当时埃及是罗马帝国的一部分，而罗马帝国正在基督教化。科普特语被用于将基督教信息传播给埃及人，它还被用于将基督教著作（主要是《新约》和基督生平）翻译成埃及人所使用的语言。然而，古科普特语的发明似乎主要是为了书写魔法文献，魔法文献中每一个单词的确切发音都很重要。古科普特语的最终形式实际上是世俗体，但它使用了另一种符号系统。换言之，埃及人首次使用了字母文字。从公元 2 世纪开始，希腊语字母被用来书写埃及语，但因为埃及语中的一些音并没有在希腊语中出现，所以书吏要从世俗体中借用一些符号，并将它们与希腊字母一起使用。

ϣ来自，ϥ来自，ϩ来自，
ϫ来自，ϭ来自

由此产生的文字，即基督教时代埃及的文字与文化，被称为“科普特”。埃及基督教徒或科普特人是现代伊斯兰埃及最伟大的宗教和文化上的少数派之一。理论上讲，科普特语仍然在使用，或者至少在埃及的科普特（基督教）教堂的礼拜仪式上会使用。作为口头语言，它消失于16世纪。公元641年，阿拉伯人入侵埃及，他们不仅带来了伊斯兰教，也带来了阿拉伯语。这在很大程度上取代了基督教和科普特语。科普特语在研究古老的埃及语方面很有价值，因为它可以帮助我们理解埃及语中的一些句法和词汇，但最重要的是，它最接近埃及语的发音，还保留了一些单词和语言的韵律。

尽管已经对埃及语的发音做了大量研究，我们还是不知道它真正的读音。没有人曾听过古埃及人讲话，因此，尽管可以阅读和理解，但我们仍然无法正确发音。科普特语的ⲏⲣⲡ，“ee-rep”，葡萄酒，表明这可能是埃及语中“酒”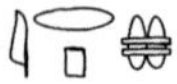这个单词的发音方式。

对应：

	sn	ⲤⲞⲚ	“son”	兄弟
	itrw	ⲈⲒⲞⲞⲢ	“eye–oor”	河流
	wn	ⲞⲨⲞⲈⲒⲚ	“wey–in”	光线
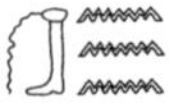	wʿb	ⲞⲨⲞⲠ	“wop”	纯洁
	wʿb	ⲞⲨⲎⲎⲂ	“weyeb”	祭司
	wʿb	ⲞⲨⲀⲀⲂ	“waab”	纯洁 / 圣洁

很多单词（通常有基督教的含义）是直接从希腊语中借来的。科普特语保留了在不同地区使用的好几种埃及语方言，情况因此变得有些复杂。我

们应认识到，这可能反映了古埃及的情况，即每一个地区有自己的发音方式，也可能有不同的语法习惯。科普特语是沙希地（Sahidic，上埃及）、波海利（Bohairic，下埃及）、法尤姆（Fayumic，法尤姆地区）和阿赫米（Akhmimic，上埃及的一个地区）的方言，可能还有更多的地区也使用科普特语。如果说很难从现存的埃及语文献中辨别出各地方言，那么这也可能说明，这种刻板的语言背后的合理性之一在于提供一种全国各地（尤其是行政机构）都能看懂的重要语言；与此同时，人们也使用各自版本的埃及语。

语法

就像所有语言一样，埃及语中也有一套关于如何建构句子的完整语法。它包括名词（表名称）、形容词（描述性的单词，特性描述）、副词（提供动作的附加信息）和动词（表动作）。动词有时态（过去、现在或未来的事件）、体（动作的种类，完成了的或重复的）、语气（事实的陈述、虚拟的或想要去做的事）、语态（主语发出的主动的动作、被施加在主语身上的被动的动作）。中埃及语的语序和西方语言不同：动词通常位于句首，“goes out the man from his house”；形容词位于它所描述的单词之后，“He is a scribe, excellent, attentive”；句子由语法结构中的概念模块组成：“*sun with moon* in sky”包含了三个基础的想法：（i）“太阳和月亮”。（ii）它们在做什么？“在……中”。（iii）在哪里？“天空”。整个句子可以被理解为“the sun and the moon are in the sky”（太阳和月亮在空中）。直到新埃及语的阶段，埃及语中才出现了“the”或“a”这样的单词（定冠词和不定冠词），在很多句子中甚至没有“is”和“are”。埃及人似乎会使用一些标记，比如特殊的单词（小品词）或结构（语序），这些标记就像上面使用的星号一样，可以表示某些想法何时起作用或者突出句子含义的差异，这是英语和埃及语之间的一个主要的概念差异。

语言中的其他领域（比如“强调”）在埃及语

中似乎很重要，这在英语中有其他的表达方式。例如，“he goes to his house”这句话很自然地对主语“he”有某种程度的强调，因为“he”位于句首。在埃及语中，正常的语序是动词位于句首，因此，为了强调动词之外的部分，就要使用各种策略和语法形式。根据动作或故事中最重要的方面，我们有以下不同说法：

“HE goes to his house.”

“GOES he to his house.”

“TO HIS HOUSE goes he.”

这似乎只是一个小问题，但某些埃及语文本（比如赞美诗、祈祷文和文学）有着复杂的象征含义和意识形态，每一个微妙的差别都很重要，语法、强调或时态的各种细微变化对我们的理解而言都至关重要。学习埃及语的学生应该从一开始就认识到，语言的观念、它如何使用、它如何发音都与欧洲的口语和书面语有所不同。学习埃及语其实是学习另一种思考方式、另一种表达方式和另一种不同背景的文化。与其说这是一个艰巨的过程，不如说它使学习埃及语的挑战变得更加令人兴奋，它还使我们对过去的思想、观念、过程和生活有了更深入的了解。

处理一句埃及语的过程如下：

（i）解释该短语的书写方向：从左向右，第一个符号的意思是“国王”，它作为尊称被前置，因为在这些符号中它被认为是最重要的。

（ii）转写，ḥtp di nsw（按照读音，对应每个单词）。

（iii）解释该短语是如何构建的（语法和句法）：一个关系从句。

（iv）翻译：“国王所给的礼物”。

（v）理解该短语：它是埃及墓葬建筑中最常见的表达之一；它指的是国王允许墓主人或死者所能拥有的好处和礼物。

（vi）根据整个句子的上下文理解该短语：接下来是墓地众神的名单，他们也会给死者礼物；然后是礼物清单，通常是“一千块面包、啤酒、牛、家禽、布、油膏、雪花石膏以及所有美好和纯净的东西”。

模仿者

其他古代文化也曾模仿过埃及的象形文字，尤其是麦罗埃王国，它的同名都城麦罗埃位于埃及南部的古代努比亚王国（现代苏丹）。麦罗埃的国王可能是第二十五王朝纳帕塔（Napatan）国王的后裔，纳帕塔的国王曾经统治过埃及，他们视自己为埃及王权的守护者和埃及众神的保护者，他们在博尔戈尔山（Gebel Barkal）修建了献给阿蒙神的壮观的神庙。麦罗埃的国王们以一种更为潦草的类似僧侣体的图画文字书写他们的语言。他们似乎从埃及人那里受到了文字观念的启发，但是，他们书写的是一种完全不同的语言，其根源可能是古老的努比亚语或者是曾在东非使用的一种古老的非洲语言。麦罗埃象形文字的“字母表”由24个字母组成，尽管文本是从右向左阅读的，但动物和人的符号面朝另一个方向。

图 3　麦罗埃的象形文字。刻在一个供奉桌上的铭文，现藏于柏林博物馆，但最初发现于麦罗埃的金字塔中。我们在这里可以看到 24 个符号中的 18 个

转写（从右向左阅读）	翻译
woshi : shore tekidje–mniqowi npt–djxet : t edjxelowi	哦，伊西斯和奥西里斯！ 受祝福的 Takidje–amane， 出生于 Napata–djakhete， [Adjeckhetali] 之父

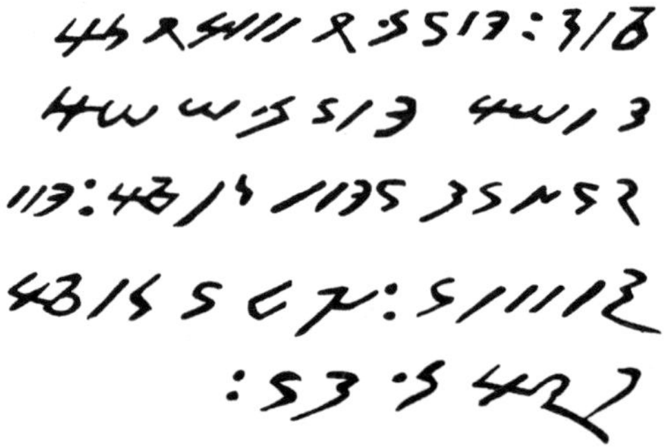

图 4　麦罗埃的草体字母。出土于阿玛尔纳的一块石碑，现藏于喀土穆博物馆。我们在这里可以看到 24 个符号中的 20 个

转写（从右向左阅读）	翻译
woshiqeteneyinele shore qeterre adjemeqo le wi : qo– –koye : djxelo mni–teme	哦伊西斯（别称） 哦奥西里斯（别称） Adjemeqo， Qekaye 之子 Amani–teme 之父

很少有符号与埃及象形文字有相同的外观，也没有符号与其有相同的读音。除此之外，麦罗埃人使用标点符号，即单词之间的一种冒号，因为麦罗埃语中没有限定符号。文本通常是从右向左阅读的，草体形式很容易辨认，因为这些符号看起来像是一排排的数字 2、4 和 3，其中一些符号的尾部很长。尽管知道了字母表的基本读音，但麦罗埃语仍然没有被完全解读出来。我们可以理解一些墓葬文献的基本含义，但篇幅较长的历史记录的详细含义仍不清楚。在学者们的不懈努力下，可能会有类似近期解读玛雅语那样的突破。我们需要的是某种双语文本，或许是麦罗埃语和世俗体，或许是麦罗埃语和希腊语，这样就可以比较并理解两个相同的

文本。最后一个可能有双语文本的幸存遗址是卡斯尔·伊布里姆（Qasr Ibrim）的圣山，在那里人们已经发现了无数用尼罗河河谷已知的各种语言书写的文献。但是，难找的双语文本仍未出现，纳赛尔湖上涨的水位已经渗入了那里的地层，这可能会破坏许多遗留下来的有机材料。

| 第三章 |

圣书体文字与埃及艺术

03

符号的设计

圣书体文字在埃及有着特定的用途。它们要么用于撰写与神灵有关的铭文，要么用于表达某一贵族与神的关系，再就是用于与来世相关的文本。尽管书写的是众所周知的埃及语言，但圣书体文字是一种受到尊崇的交流方式，仅用在正式的仪式场合和具有明确时空特性的建筑结构内。大部分民众都无法阅读圣书体文字，这些图像符号的原理只教授给专门的群体。圣书体文字的书写原则来自埃及的艺术和仪式观念，而不是语言本身。在撰写圣书体铭文时，书吏们通常目的明确、用词考究，颇具精英主义色彩。

单个的符号往往对应着古埃及人身边的一些事

物。现代人可能无法马上辨认出它们，因为我们自己不会随身携带用绳子拴着的奶罐，也不会每天使用拧成股的亚麻绳，更不会每天路遇秃鹫、珍珠鸡或角蝰蛇。学习圣书体文字不只是一种语言练习，或许出乎我们意料，它还蕴含着丰富多彩的文化内涵，使我们能够借此了解埃及人的文化和日常生活。

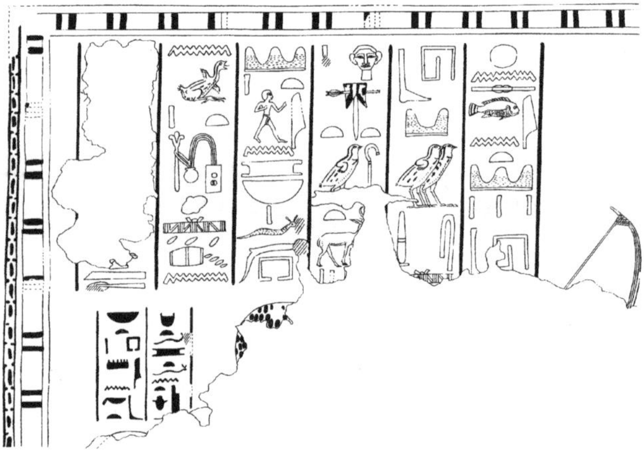

图5　底比斯阿蒙涅姆赫特墓中的圣书体文字，可追溯到第十八王朝，每个圣书体文字都是一件艺术作品，甚至每只鸟的羽毛都涂有颜色

符号被刻意设计得易于辨识。创造这些符号的艺术家们考虑的是以最易辨认的形式刻画物体。从

正面看人的脸，最明显的是眼睛和嘴巴，而从侧面看，最突出的则是眼睛、鼻子、嘴和下巴。后一种图像被用作表示“脸”的圣书体文字。每个物体均可由最显著的特点辨认，这一原则被用于所有埃及平面图像的刻画中。鸟类都是以侧面形式展现，只有猫头鹰例外，它的脸是正面的、面朝观看者的，这样可以突显其头部和眼睛的形状。道路被表现为一段双线，线的两侧各有一些凸起，它们代表生长在路旁的灌木丛。圣书体文字以鸟瞰的视角来表现道路，以固定格式的倒三角形来表示灌木丛。这也是一种艺术法则，即从最易辨认的视角来刻画一个物体。艺术家们以俯视视角来表现一个周围有树的池塘，画面中的树木都平伏在地面上。这种视角也许看似奇怪，但非常符合逻辑。

原始语境中的符号

　　文字的图像性使其与神庙和陵墓墙壁上的绘画场景融为一体——同样的原则适用于限定符号，也适用于在更大的范围内应用，例如神庙浮雕的“格层”中。

图 6 埃斯纳神庙中的献祭场景

埃斯纳神庙的这幅浮雕刻画的是国王向女神奈特（Neith）和哈索尔（Hathor）献上两种不同类型叉铃（奏乐用的摇铃）的场景。人物形象被成行成列的文字环绕，这些文字有着不同的阅读方向和延伸方向。与国王有关的文字，其阅读方向朝向他的面部，意在表示它们是由国王说出。国王正前方短短的一列竖行文字写着该场景的标题：“为两位夫人演奏叉铃。”头顶上的两个王名圈标明了其国王的身份——在这一场景中，他实际上是罗马皇帝提图斯（Titus）。在他身后，一列从左至右阅读的竖行文字描述了他更多的美德和品质（另一竖行文字则以反方向阅读，属于右边的下一个场景）。这一场景中的其他文字则都要从右向左阅读，所记录的是女神们的讲话内容、名字和头衔，以及她们赐赠的奖赏。左边的一列竖行文字还是在为这一场景做注解。文字以条带状划分、标注和表述，关键在于强调这一献祭仪式的正确程序以及唤起适当的神话语境。虽然不同的神庙和不同的场景在细节上有所差异，但每一个仪式都是一套简洁的动作。它既可以单独发挥作用，也可以与其他仪式画面一起，在神庙的这个特定环节中，在神庙墙壁上，在整个建筑群中，在整个宇宙环境中，共同发挥作用。每一个圣书体文字都有其在建筑和创作上的双重功用。文字为场景和细节提供了语境，然而巨大的场景亦在一段宏大的铭文中起着限定符号的作用，以确保铭文得到正确阅读。场景中还会展示举行每种仪式时要使用的正确手势和献祭姿势。

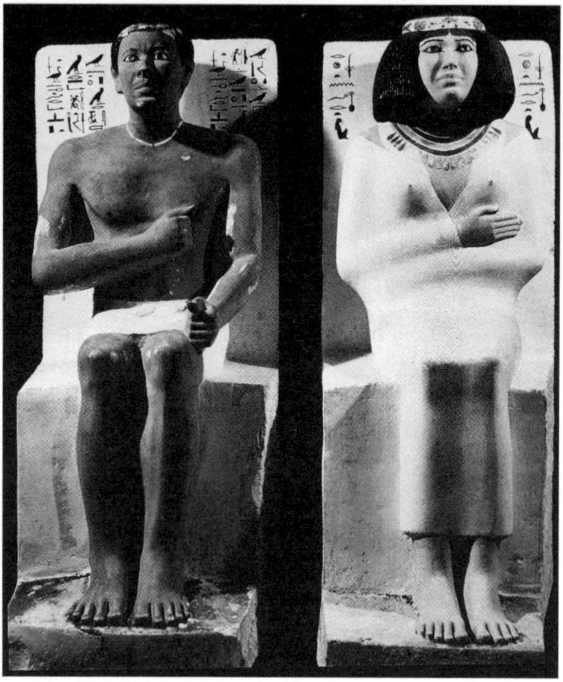

图 7　拉荷太普和诺弗尔特雕像，出土于美杜姆（Medum），第四王朝

立体的雕像也是如此。一对夫妇的雕像展现了他们坐着的形象，但他们的身份要通过写在雕像底部或背后的文字才能辨认。例如，著名的拉荷太普（Rahotep）和诺弗尔特（Nofret）雕像背后的背板

上就写着这对夫妇的名字。在诺弗尔特的例子中，她的形象是由她的名字“美丽的女人”来定义的，名字中带有一个表现为坐着的女子的女性限定符号。然而，雕塑本身也是一小段文字的巨大限定符号。在拉荷太普的例子中，雕塑与形象的关系更加明确。他的头衔和名字写在他的头后，但他的名字却缺少对应的男性限定符号。在此，简短文字下的雕像本身成为拉荷太普名字的限定符号，这个限定符号以石像的形式呈现了一名有地位的男性的理想形象。他的灵魂能够轻易地认出它的家园，即它在尘世的躯体的形象，阅读上面的文字，阅读雕像本身，并栖于其上，获取供养，使拉荷太普在来世获得新生。

文字和图像是互补的，尽管埃及文字自然的书写方式是从右到左，但圣书体文字的图画性质意味着其书写更加灵活且具有建筑上的功用。埃及式设计的要素之一是力求对称，而实现文字对称的唯一方法是使用圣书体文字。现藏于大英博物馆的韦尔伦普塔（Werirenptah）墓室西墙，出土于萨卡拉，可追溯到第五王朝。这面墙由两扇“假”门构成，这两扇“假”门是韦尔伦普塔和他的妻子肯特卡乌斯（Khentkaues）的卡（ka）通往生者世界的入口。门是进入陵墓和神庙等重要纪念性建筑的入口，这些建筑实际上连接着不同的世界，因此，有适当的环境和一个清洁、纯净的入口尤为重要。入口的门框是对称的，两侧的圣书体文字彼此相对。它们使人将注意力集中于门扇本身，并且与面向内侧站立的人像形成互补。在其他的入口，尤其是神庙中，门上的文字是对称分布的，因此它们常常从门楣的中央写起，从中间至两端逐字阅读，直到门楣的尽头。然后仍彼此相对继续沿门框向下。这种设计在美学上令人赏心悦目，且营造出一种向建筑或房间内部汇聚的和谐感。

图 8　塞鲁石碑，现藏于达勒姆大学东方博物馆，第十二王朝

圣书体文字这种在建筑上的视觉和功能，也反映在墓碑的设计中。萨特－哈索尔（Sat–Hathor）的儿子塞鲁（Seru）是赫佩尔卡（Kherperka）墓室的守卫，他的石灰岩碑只是成千上万块制作于古埃及的石碑之一，但它可以作为所有石碑的典型代表。这块矩形石碑有着凹弧形檐口（cavetto cornice）装饰——一种常见于门和墙壁顶部的建筑元素。一列竖直的圣书体文字将石碑分为两部分，文字的内容是献祭套语，阅读方向是惯常的由左向右。这列文字两侧的场景是对称的，左右各有两行水平排列的文字，左侧的文字从右往左读，右侧则是从左往右读。接下来是两个彼此相对的人物轮廓，左边是一个男子（塞鲁），右边是一个女子（他的母亲萨特－哈索尔）；然后还有另外六行文字，阅读方向是由中心朝向碑的边缘。石碑两边构成了一道向内开合的门扇。这两个人像都将在陵墓中、在死者的领域中，拥有属于自己的一席之地。这些圣书体文字将献祭者或来访者引向他们，但与石碑中间的献祭套语有所不同，因为它是一份家庭成员的名单。这是一座家庭纪念碑，因此在这块石碑上尽可能提及更多的人，以便他们都能在来世中存在。

当观看一面满是画面和文字的墙壁时，人们最深刻的印象是一切都被井井有条地排列成行，这些行被称作“格层”。所有的画面和文字都直线式展开。这可能缘于埃及人沿河而居的生活习性。在埃及，人们旅行最常去的地方都位于尼罗河沿岸或是在河上。从这个视角来看，整个世界都是按水平方向排列的“格层”：河流本身处在底层，然后是河岸，再向上是一个农耕地带，再向上是树木，然后是沙漠，天空笼罩于大地之上。如果以埃及人的视角将世界视为一个平面，那么这些元素都不是按照透视法排列的：现实中一个物体位于另一个物体的前方，但在水平格层中它则位于另一个物体的上方。在这种语境中，文字与画面实现了完美融合，它可以与刻画的形象彼此呼应，也可以作为整个画面的边框。画面中几乎每个人物的旁边都有一行圣书体文字，这些文字通常标示了人物身份及人物正在说的话。这种对话框的阅读方向往往朝向说话者的面部。在神庙里，国王向庙中的神明“讲述”献祭仪式，而神则以适当的回报言语予以回应。即便神庙此处的文字方向是从左至右（例如，进入一个房间），国王的话语也会被扭转方向（逆向）以匹配从门内进入并讲话的国王形象。[1]在更正式的画面中，圣书体文字记录下了普通人的日常对话，这些对话都与他们的日常事务有关，并反映了人们面对彼此时所处的不同立场。尼安赫努姆（Niankhnum）和赫努姆霍泰普（Khnumhotep）墓中繁忙的农耕场景记录了农民的话语，其中的圣书体文字就像卡通漫画中的对话框——它们提供了一个剧本，以确保画面中的每个人都正确地扮演自己的角色，这样墓主在来世就不会失去任何东西。场景中备齐了所有农产品，从种子到加工过的食品一应俱全，为的是防止几年之后无人再来供奉。所有人都有自己的名字，以便他们履行自己的职责。这些画面和文字也保留了现世生活的记忆，尽管这是理想化的记忆，但目的是维护和保障墓主的地位。

图 9　用渔网捕鱼，卡盖姆尼墓，第五王朝，萨卡拉墓区

在卡盖姆尼（Kagemni）墓中，一位渔夫在水中撒网，希望在浅水中捕获一条鱼，他说的话—— snḥw n pr–ḏt“为永恒之屋捕鱼”，无疑揭示了鱼的最终归宿。如果所有圣书体文字都能被想象成声音，那么墓中将人声鼎沸，因为有数百人在喋喋不休。

还有一幅插图也许能更清晰地表现“图像化话语”。在帕舍杜墓的墙壁上，有一幅为来世“饮用水”祈祷的圣书体文字装饰，祈祷者身边写满了圣书体文字，看起来就像他的话语飘荡在周围的空气中。

图 10　帕舍杜墓中的场景，该墓位于代尔·迈迪纳（Deirel Medina），底比斯，第十九王朝。他祈祷的话语飘荡在他身边的空气中，就像一款富有设计感的壁纸

比例与审美变体

出于实用目的，圣书体文字的字行必须能够填满其指定的区域。即便圣书体文字的数量不足以填满格层，但圣书体文字的灵活可变性，以及其绘写者所具有的艺术比例感，可以保证一行纪念性文字的末尾几乎不留空白；而即使空间所剩无几，艺术家们也会尽量将文字都塞进去，行末的字体并不会因此变小。当然一些贵族纪念碑上的文本也会出现因为空间不足而字体变小的情况，这表明，处理如此众多的墙面和石头表面，即使是埃及工匠也偶尔会计算失误，会有中断，或改变主意。刻写一行行的铭文，最初就是以审美原则为最重要的驱动因素的。首先，在想象中把一个大的圣书体文字所覆盖的区域划分为四个小方格。随后几乎每个符号都会填进这些小方格，要么写得小而紧凑（占一个小方格），要么写得横宽或竖长（占两个小方格），或者干脆写成大字（占满四个小方格）。

单个的词语可以填满一个长方形或正方形的区域。例如，“强壮”这个词由以下符号组成：

。它们都是可以在纵向上压缩的符号，第一个和最后一个符号都在水平方向上更长些。这个词可以写成，将符号组合成正方形的小单元，既节省了空间又赏心悦目。尽管如此，仍须保留符号的阅读顺序。不过，如果可用的空间特别小，也可以写成。为了适应种种变化，书吏有时必须以不同的大小书写符号，只要它们依然能被识别出来就没问题。有时，为了使文字契合可用的空间，在实际书写文字时可以缩短或更改，也可以用填充空间的竖画来填补尴尬的空白。“美”这个词经常被简化为这个单独的符号，尤其是在尊称中，该词常常采用短小精悍的书写方式。

*b3*“开垦土地”可以别出心裁地写成，如此可占用更少的空间，但词意完全相同。

与近代以前的大多数语言一样，埃及语没有统一的拼写词语的方式，因此可能存在着一些变体。很明显，某些词语有着明确的书写方式和绝不会使用的书写方式，因此学生确实需要学习一下拼写。例如，“听”这个词常被写成或，但几乎没有这种单辅音符号的拼写方式。

事实上，不仅词语会变化，甚至个别的符号在视觉上也会出现差异。符号的图像性带来了埃及圣书体文字的另一个重要原则，即符号出现变体的可能性，这些变体可能会影响符号的意义及使用，也可能不会影响。近期在针对格贝林（Gebelein）和纳格艾德－戴尔（Nagaed–Deir）出土的第一中间期石碑的研究中，萨宾·库比什（Sabine Kubisch）收集了所有用于书写 wdpw“执杯人”一词的圣书体文字实例，其变化十分明显。该圣书体文字的 15 个例子都表现了相同的基本内容，即一个人站立着，手执杯子，但它们都各有差别。这人弯腰的幅度或大或小，他举杯子的胳膊或直或曲，他还可能用另一只手拿着另一个容器，或是把一个容器里的液体倒进杯子里，或是把两个容器高举到空中。远离了宫廷里墨守成规者的审视，当地的艺术家得以随心所欲地创作，但每一种变体都有着相同的意思。这些差异对文字的阅读来说并不重要。这可能是书吏为使每个符号不同而故意做出的选择，也可能是不同的人本身就会使用不同的方式来绘制某一特定的符号，甚至可能是同一个人的书写出现了前后不一致的情况。在福尔摩斯的故事中，被大侦探破译的“跳舞小人”是一套密文，其中每个姿势都有精确而不同的含义。这是一个最好不过的例子，这显示了埃及文字与密文的不同之处，以及圣书体文字如何在细节处含义模糊。[2]阅读者必须知晓这种差异何时有意义、何时没有意义。例如，握住棍子的手臂和手  的潜在含义（表示“力量”或暴力行动的限定符号）与握住特定的棍棒或权杖的手臂和手 （表示监督动作）有很大不同。另外， 这个符号也是“力量”或暴力行为的限定符号。站立的人是竖高形的符号，手臂是长而水平的符号，因而整个词语的可用空间可能会影响符号的选择。但是它们的含义真的有区别吗？想要知道此间的区别，需要实践和经验，阅读者必须经过学习才能掌握。

读书与升迁

大多数埃及人都是农民、牧民或手工业者，他们生活在散布于尼罗河沿岸的农耕地区和三角洲地区未被沼泽覆盖的地带。他们依靠自己种植的作物生活，将生产的盈余供给王室和神庙土地所有者，并能在当地换得基本的日用品。他们无法获得贵族阶层的资源，也没有能力拥有石制的、属于自己的陵墓纪念物。许多圣书体铭文被写在陵墓和神庙等不朽的纪念性建筑中，但埃及的普通民众不被允许进入这些地方。对有铭文的贵族纪念碑进行统计后，可以推测出在古王国只有大约1%的人口识字，即能够读写，而圣书体文字的识字率甚至更低。在最基本的层面上，尤其是出于行政管理的目的，当时人们也许广泛具备读写自己名字的能力，而且几乎可以确定这些文字是僧侣体而非圣书体。

贵族墓通常位于特定的墓区。在尼罗河河谷，墓区往往位于沙漠的边缘，可能只有参加葬礼献祭、宴会和举行仪式的近亲才会来这里。如果他们具有相同的社会地位，他们可能会阅读甚至认出陵墓中所描绘的自己和他人。死者的儿子（或替代他的有文化之人）必须能够背诵献祭祷文并为其父祈祷。在一些陵墓外的门框和门楣上，或是墓碑上，有时会有面向过路者的特定召唤语，以确保有持续的供奉来供养墓中死者的卡（ka），这些召唤语往往如此开头：“哦！所有经过或进入这座陵墓的人……”在死者的直系亲属去世后，仪式无法持续，此时这些召唤语开始发挥效用。生者一旦离开，文字及其属性就要发挥作用，不断地为来世中的死者激活并提供食物与必需品。最终，观看者只有死者的灵魂（kas），而灵魂依赖着为数不多的卡祭司和诵经师——这些人的工作是诵读相关的仪式。对这些地方的造访者而言，此处的视觉冲击一定很强烈，他们将目睹一个神圣区域的地标，上面还有关于死者身份和死后生活的信息。

在神庙中，观众则更加有限。“普通”埃及人因为不洁而被禁止进入神庙。被指定为“众神的仆人”的祭司在进入神庙之前，须经过专门净化。进入神庙之后，他们会举行仪式，以确保神庙中的神得到照料并享受一日三餐和节日。许多特别的祈祷和仪式都被写在墙上和纸草卷上，由“诵经祭司”宣读。有些祷文是可以背诵的，所以即使一位祭司在神庙里任职时间很短，他也只需要相对较少的阅读墙上经文的能力。再者，神庙的大部分地方都是黑暗阴郁的，只有在特定的时间，光线从屋顶的狭窄天窗照射到墙壁的一小块区域上，或是摇曳的灯火照到墙壁上，铭文才会被照见。毕竟，这些文字只是给神的眼睛看的。在这种情况下，圣书体文字确实是“神的话语”，它们充当了普通世界和超凡世界之间的交流媒介。

圣书体文字的出现是一种地位的象征。最极致的地位表现为“成为神圣”，这意味着一种包罗万象的知识和魔力，可以与神庙墙壁上的场景和文字交流互动。仪式激活了圣书体文字，因此通过香薰缭绕，文字就可以被神灵吸入；倒出的水浸湿了祭品和神庙的织物，带来活力和生命；供奉食物的气味，激活了神灵的感官和力量。不仅是每一个圣书体文字符号，还有二维平面的浮雕、三维立体的雕像、现场的表演和仪式，都被神灵看在眼里，神庙的作用由此而得以发挥。从某种意义上讲，如果其中几个媒介由于某种原因失效了，那么还有其他的作为后备。务实的埃及人意识到，在他们离开后，为了使神的居所继续存在，就需要文字作为媒介来延续他们的工作。实际上，神庙的墙壁持续为众神提供能量，直到今天，圣书体文字仍在游客和守庙人无知的目光下，与埃及众神一起冥思。

神庙的外墙呈现出一个不同的世界，庙宇高高的石头围墙上有大片的空间，入口有令人印象深刻的山状塔门——这为画面和铭文提供了一块巨大的画布。外墙上装饰着十分特别的场景，其目的是展现神庙的宇宙象征意义，这些外墙或许还可以作为展示给外面民众的一块巨大的广告牌。这些场景展现了国王在众神面前击溃敌军和战胜混乱的情形，不论他是亲自杀敌还是冲锋陷阵。鲜艳的色彩在埃及强烈的阳光下熠熠生辉，为置身神庙里的每个人展现着关于战争和征服的华丽而生动的全景。神庙的这一部分允许更多的人进入，而内殿神的居所则不允许。这些宣传传达的信息是国王战胜了他的敌人，混乱已经被移除到神庙之外，从而维持了玛阿特（maat），即“宇宙的和谐”。

就实用性而言，小字体的铭文是没有必要出现的，因为观者能够一眼就领会神庙画面的信息，但铭文还是被刻写出来供诸神自己阅读。这些铭文几乎不需要任何圣书体文字做标注，但仍有圣书体文字标注了人物身份，描绘场景，列举被打败的敌人的名字，并给出战斗场景中死伤者和俘虏的统计数字。这些形象各自在适当的位置，并传达出这样的信息：国王正在通过阻止混乱来履行他与诸神达成的协议。因此每个人都可以放心，神会继续让尼罗河泛滥，太阳会继续其每天在天界中的循环。在埃及人的心中，这可能意味着埃及人民对其国王权力的投入是值得的，因为事实证明王权是有效的。巨大的圣书体文字阐明了人与神的协议及国王对埃及人民的掌控权。

不可避免地，在最接近国王和宫廷的地方，更能强烈感受到文字所代表的特权地位。国王的大臣们的陵墓中布满了文字。当逐渐远离这一权力中心时，人们就会看到所谓的“地方性”风格的文学作品和圣书体文字。有人认为，“地方性”的艺术和文学大多出现于中央权力被削弱，地方长官所扮演的角色和他们的地位更像王室的时候。这种艺术风格中往往会出现比例失调的人物形象：人物的头大得不成比例，眼睛很大，身体画得像棍子一样，圣书体文字也颇为粗糙。铭文刻写很随意，没有底边线或规整的格层线，且绘制粗劣，甚至难以辨认。第一、第二中间期的丹德拉（Dendera）和中埃及诺姆的地方长官的墓碑就有这种特点。尽管如此，这些文字的功能仍然是相同的。尽管它们可能无法维持两三百英里外萨卡拉（Saqqara）墓地的美学水准，但对那些永远没有机会离开家乡或城镇的人来说，这种书写无比真实。毕竟，现代的游客在离开度假胜地时，也很乐意带走一些当地生产的纸草纸，或者穿上印着他们看不懂的汉字的时髦衣服。对异国情调、个人意义以及审美层面的愉悦的热爱，是人类永恒的品质。

在埃尔－里泽卡特（Er–Rizeqat），一个名叫门图荷太普（Montuhotep）的男子雇用了一位艺术家为自己量身打造纪念碑。于是这位艺术家为他制作了一块色彩鲜艳的石碑，它将彰显他的社会地位，并提高他在当地的声望——从未见过这种石碑的人绝不会质疑它的质量。而这块写着线性圣书体文字而非完整圣书体文字的石碑，已经足够达到个人宣传的目的，无论是在今生还是来世。

图 11　门图荷太普的石碑，出土于埃尔－里泽卡特，中埃及，第二中间期

第四章

“我知晓你，我知晓你的名字。”

——《石棺铭文》，第 407 条咒语

04

新王国的一些纸草碎片及其他文本保存了《伊西斯的狡诈》（*The Cunning of Isis*）的故事。作为奥西里斯的配偶和姐妹，伊西斯（Isis）具有强大的魔法能力，比如她能够让丈夫的木乃伊复活，使她能够怀上他们的儿子荷鲁斯。荷鲁斯是为其父报仇者，埃及国王是荷鲁斯的化身。伊西斯在这个重要的观念形态中的作用至高无上，《伊西斯的狡诈》为她如何获得魔力提供了一个神话版本。伊西斯将泥土和太阳神拉的唾液混合在一起，做成了一条毒蛇。故事发生时（可能是在傍晚时分），太阳神拉已经年老，易流口水。她将那条毒蛇放在太阳神拉每天的必经之路上。当拉神走过时，毒蛇受惊扰咬了他。毒蛇咬伤不一定是致命的，尤其是对太阳神来说，但会使他受伤痛苦。伊西斯作为治疗者去见她的父亲，诊断结果为毒蛇咬伤。然而，她声称，只有拉把其秘密的名字告诉她后才能治好他："当诵读他的名字时，这人就能复活。"[1]实际上，拉神有很多名字和形态。他在一天中的每个小时都有一个名字，甚至更多。但他也有一个秘密之名，这使他立于不败之地。为了消除痛苦，拉神低声告诉了伊西斯他的名字，伊西斯也相应地念了一个咒语，其中包含可以解除疼痛的那些名字。然而她知道，拉神绝不会轻易放弃自己隐藏的名字，因此她的咒语也是无效的。她回到父亲身边告诉他，只要他不说出自己真实的秘密之名，痛苦将一直持续下去。这一次拉神屈服了，他低声告诉伊西斯自己真正的秘密之名，伊西斯将这个名字加入了咒语中。然后咒语起了作用，把太阳神从痛苦中解救出来。这个事件的结局是，拉神被治愈了，但伊西斯始终知晓拉神的秘密之名。这是伊西斯力量的基础，这则神话的含意就在于此。

像大多数埃及神话一样，这个充满暗喻和微妙之处的精彩故事是构建在一个基本原则上的，即一个人的名字包含了此人的本质。此外，知晓名字可以激发一个人，不管是好是坏。对那些地位够高可以用圣书体文字书写自己名字的人来说，圣书体文字的额外魔力是一种有效的混合体。雕像、浮雕或绘画可以是任何人的形象。一旦它被写上圣书体或僧侣体的名字，它就确认了该形象的身份，也确认了该名字代表的人的形象。就像语法限定词一样，它限定这个人是“谁”。这在一定程度上解释了埃及艺术让人联想到的那种理想化的形象。雕像表现的体态轻盈的男女，以及墓室壁画表现的大腹便便正在工作的官员，都不是真实人物的“肖像”，而是他们的理想形象，他们的社会等级和地位是由名字和头衔来确定的。确实也会有人物肖像，但都在这个基本原则所限定的范围内。名字意味着形象可以与实体对应起来，这在陵墓和墓葬环境中，以及在神庙中都是至关重要的，这二者都是书写圣书体文字的主要场所。

在墓室中，墓主去世后，对死者的崇拜由祭司和亲属维持。他们在这里奉上食物、液体供品并燃香，滋养死者来世的灵魂，并激活他们的感官。然而，仪式的焦点部分——假门、石碑和供奉桌——都有死者的名字，这些物品成为与死者和象形文字所标注的那个人的接触点。在彼岸的来世中，卡（ka）和巴（ba）通过这些标注特定人物的圣书体文字辨认出这个供给地点。圣书体文字传达正确的信息，并确保死者在来世继续被供食、供水和涂油。

在神庙内，墙上的神祇形象旁边，也写着他们的名字，以确保他们能够参加正确的仪式，并在神庙的宇宙对称性中占有一席之地。在某种程度上，为这些形象命名可以给它们带来生命，激活它们，使神的流动的本质内化于他们的形象中。艾德福神庙中的荷鲁斯神像，或是丹德拉神庙里的哈索尔浮雕都是如此。每个人都在其正确的位置上，这似乎很重要。

埃及人也意识到了这种观念的反方面。如果象形文字本身确实是动物、人、鸟，甚至是爬行动物的形象，而且象形文字中充满了某种生命力，那么有没有可能，这些生物在书写它们的墓壁上也能复活？在这种情况下，它们会不会威胁死者和他的永生？第五王朝时期，书写于特提（Teti）或佩皮一世

（Pepi I）等国王金字塔墓室内的《金字塔铭文》，的确把这种假设当作了事实。在《金字塔铭文》中，动物的符号是没有腿的，鸟的头被砍掉了，蛇或鳄鱼的身体里插进了刀子，人也被画得残缺不全，有时某些符号如果不能以其他方式“致残”，那它们就会被完全替代。

进一步说，完全删除一个人的名字也可以删除其存在。如果墓主的名字被抹去，他的卡就认不出它自己的形象，也得不到供养，因此死者就不能在来世存活。他们的名字、关于他们的记忆以及对他们的崇拜都会被遗忘，他们的生命将失去生机。显然，这是一种责罚，使一个人经历第二次死亡，这是所有人类生命最恐怖的终结方式。在埃及，它既被用来对付人类，也被用来对付神灵，这是一种否认人或神存在的政治或宗教行为。

哈特谢普苏特（Hatshepsut）代表其继子图特摩斯三世（Thutmose III）统治埃及，她使用了“国王”的全部标志和头衔。然而，在她死后的一段时间里，她的名字和肖像从她所建造的许多神庙中都被抹去了，甚至在她为来世生活所设计的祭葬庙中也被抹去。其原因只能猜测，但结果毋庸置疑。有人试图抹去关于她的记忆，以使她在今生或来世都不复存在。同样，在埃赫那吞（Akhenaten）统治之后，其名字和形象被系统地从他所建的埃赫那吞城及卡纳克的纪念性建筑中抹去。

图 12　抹除阿蒙神名字的实例，来自卢克索神庙一个柱廊的门楣处

除名毁忆曾是埃赫那吞在其统治期间最喜欢使用的手段，当时他改信日轮形象的神阿吞（Aten），背离了之前的国神阿蒙（Amen）。他下令将所有纪念物上的阿蒙神名字都清除掉，尤其在底比斯城的阿蒙神的中心及旧宗教政治秩序的支持者之间。他们中很多人的名字都和阿蒙神的名字组合在一

起，比如“阿蒙涅姆赫特”（Amun–em–het），意为“阿蒙在前方”，甚至连他父亲的名字都叫“阿蒙荷太普”（Amun–hotep），即“阿蒙是满意的”。没有哪里是安全的，在陵墓中，在神庙中，在雕像和用品上，“阿蒙”一词被真正彻底地抹去。在墓葬语境中也是如此，一个人在来世的存在几乎可以随意被抹去。

在信仰渗透到了政治、社会环境和制度的文化中，否认曾经的存在是一种强烈的政治姿态。这似乎是对一个人所能做得最糟糕的事情之一，而且如此多的文本提到希望名字将继续存在，这一事实表明，失去书面名字的恐惧已经深入人心。就连埃赫那吞自己也在埃赫那吞的界碑上承认了这一点，他说：“它不能被刮掉，不能被洗掉，不能被砍斫，不能用石膏灰泥抹去。它不会丢失，如果它丢失了，如果它消失了，或者它所在的石碑倒掉了，我将在它所在之处，把它作为一个新事物重新创造出来。”[2]

权力与文字

在魔法仪式中，手势、舞蹈、咒语、烟雾和法器不足以使咒语生效，它们还需要书写的圣书体的额外力量。在底比斯拉美西姆（Ramesseum）一座中王国的墓葬中，发现了一位诵经祭司的工具箱，里面装着用来召唤魔力的所有用具。其中有象征生殖力的雕像，有刻满怪异神奇生物的象牙“魔杖”，牧牛者雕像，一条铜蛇，还有一个戴着母狮面具、手执两根蛇杖的女子像。与这些物品放在一起的还有写满僧侣体文字的纸草，其内容包括文学作品和魔法文本。这个箱子的主人是一个受过训练的书吏，他的副业（也有可能是职业）是为底比斯人提供魔法服务。这些魔法用具与文字材料之间的对应关系非常有趣。此人很可能是个男子，也许有类似戴狮头面具形象的女性助手。这些助手会被召去帮忙接生、举行生殖仪式、治疗蛇或蝎咬伤及其他伤痛。咒语文本可能是其他活动的权威范本，且毫无疑问，针对特定目的会使用特定的咒语。[3]

从更阴暗的角度来看，埃及有一类物品被称为

“诅咒人像”。它们是用泥或石材做成的，通常被塑造成双手反绑的敌囚形象。人们将对抗“敌人”或“疾病”的咒语写在人像身上，然后将它们损毁，击打成碎片，被命名的敌人因此被完全摧毁。这些人像可能与普遍的疾病和罪恶，特别是他们所感知到的来自“外国人”的威胁有关。因此，这些人像对埃及人来说具有普遍的保护作用。它们是种族主义仇恨或恐惧的一种更制度化的形式，这在骇人的米尔吉萨（Mirgissa）墓葬中体现得尤为明显：这个被斩首的努比亚人的尸骸具备所有仪式屠杀的特征，并伴随着相应的魔法仪式。仪式的内容很可能包括一组规定的手势动作及诵读纸草卷上的咒语，或凭记忆背诵咒语。与魔法仪式有着最密切联系的文字之神图特（Thoth），自托勒密和罗马时期到中世纪一直以三重伟大的赫耳墨斯·特里斯墨吉斯忒斯（Hermes Trismegistus）的形象存在于思想史上，这并非偶然。

圣书体文字的内在力量能够改变自身形态并赋予事物以生命力，这一点为孟斐斯创世神话所采用。在这个故事中，人们相信普塔神仅凭想象并说出事物的名字来创造万物。他说出事物和人类名称的那一刻，它们就存在了，世界上所有的植物、人和动物都被创造出来。据说“孟斐斯神学”是从现已失传的古老的“虫蛀”纸草卷轴摹刻到石碑上的，这也许意义重大。这块石头刻于努比亚国王沙巴克（Shabako，公元前 712 — 公元前 702 年）统治时期，它强调了后世统治者对过往“古代”文本的兴趣。[4] 善腾·哈瓦斯（Setne Khaemwese）这则民间故事，主题是善腾·哈瓦斯寻找一本由图特亲手所写的书，书中有两句强大的咒语。根据故事可知，读懂这本书的人可以控制整个宇宙，并听懂鸟类和爬行动物的语言，这也许是对读懂圣书体文字这种能力的一种隐喻性暗示。[5]

语言、文本和符号的游戏

对那些有能力阅读圣书体文字，并在“生命之屋”中受过抄写和编辑古代文献训练的祭司来说，仅仅确保这些文字含义的保存及延续准确的仪式还不够。他们在书写系统中引入了额外的象形文字符号，将使用的符号数量大幅增加——从中埃及语常用的750个左右的核心词汇，增加到托勒密神庙文本中的7000多个。这样一来，只受过中埃及语象形文字训练的人，将很难读懂一篇基本的中埃及语语法文本：

摘自托勒密时期艾德福神庙外部［查辛纳特（Chassinat），艾德福（Edfou），VI，2，4–5］。

将上面的文本转写成中埃及语圣书体文字。

翻译：“他从努恩（Nun）中升起，他如荷尔－阿赫提（Hor–Akhty）在天界航行，他每天立于对面的天空（神庙）中。”

这些文字真的更神秘了吗？当然它更为缩略，但文字中也包含着有趣的神话典故：原初海洋的

“努恩”一词是用托勒密时期的符号写成的，是一个孩子在水上的符号，也许暗示着象征原始莲花的孩童从原初之水中出现。nww（后来演变成 nn）一词是新王国时期的词汇，意思是“孩子”，因此限定符号获得了 nwn 的音值，并在结尾加上了水渠的限定符号以完成这段文本；句末的“每天”一词与太阳神拉和月亮神洪苏（Khonsu）—— 太阳和月亮写在一起，这一形象与词义惊人地契合。

在其他文本中，神庙仪式内容被扩展了，之前从未出现这样全文书写的形式。人们凭想象力增添了各种各样的额外符号，“新”符号的发展也将一些不同的“规则”纳入考量。

首先，越来越多的限定词变成了简单的单音节符号。例如，这个符号，表现了一个人举起双臂，它可以作为限定词写在 *ḥꜥꜥ*“Haa”的结尾，意思是“欢呼”。因而在托勒密时期，获得了 *ḥ* 的音值，在与其他符号一起书写时，只取其音值：例如，在埃斯纳神庙中赫卡神（Heka）名字中的符号（Esna 242，18）。当然，也是 *ḳꜣ*（ka）一词的限定符号（意思是“高的”），因此

它也可以用来表示 *ḳ* 的音值。的确，“赫卡神”一词的另一种写法就是图画性的  形式，这个例子也出现于埃斯纳神庙中（Esna 242，24）。

其次，那些表现拿着或穿戴物品的符号，也在这个过程中获得了另一个音值： 表现了一个坐着的男人，他手持角蝰，并将之举过头顶，这个符号读作*fꜣi*，意思是“举起”。角蝰的发音是*f*。这个组合读成*fꜣi*=*f*，对*f*的重读赋予整个群组*f*的音值。

少数符号本身就是完整的双关语： 和  形成了一组词，表现了角蝰“离开”和“进入”符号。它们是*pr*“出去”和ʿ*ḳ*“进入”这两个词的写法。

在书写“青金石”一词时，使用的是人抓住河马尾巴的符号 ，其读音是 *ḫsdb*，尽管这本身就是第十八王朝 *ḫsdb* 一词的晚近版本。这种写法是一个双关语符号游戏，W. 古德温（W. Goodwin）于1876 年对此进行了相关研究。他认为，符号中的男人表演的是 *ḫs*(*f*)“驱赶”这个动作，而这个动作的客体是 *db*“河马”，所以词组 *ḫs*(*f*)“驱赶河马”与“青金石”一词发音相同或相似，因此表现驱赶河

马这一场面的词语被用来书写青金石这种材料。还有一种可能是，这里象征性地使用了青金石的保护作用，以便用青金石护身符来驱散以河马为代表的危险和邪恶。

这种以符号与音值进行文字游戏的可能性意味着，文字游戏的文本是经常出现的，尤其在“宗教”或“丧葬”文本中，而且早在古王国时期就有，并不局限于托勒密和罗马时期。据说当时的祭司希望他们所掌握的圣书体文字更难被他人阅读，而且他们试图隐藏其中包含的“真理”。由于这些文本只能被一小部分人阅读，而希腊的统治者也绝不会阅读任何象形文字，所以这种论点似乎仍须斟酌。实际上，神话文本、神庙的油膏和香水配方、图书馆书目清单，尤其是仪式文本，这些并不是用特别加密的象形文字写成的。密写的铭文出现在非常显眼的地方，如窗框或门楣，它们高高耸立，向众神致敬，几乎所有人都惊叹于这些铭文的错综复杂和语言的博大精深。这些铭文的内容是对仪式及其基本过程的描述，并没有什么特别的秘密。这些密写文本依赖符号或符号所代表的事物的双重含义，它们是神秘学家和象形文字的早期破译者所确信的表意文字的最好例子。

图 13　献给索贝克神的鳄鱼赞美诗，用鳄鱼的符号书写，埃斯纳神庙

也许密码学（cryptography）最极端的例子是埃斯纳神庙里的两篇文献。它们是献给鳄鱼神索贝

克－拉（Sobek–Re）和公羊神赫努姆（Khnum）的赞美诗，位于罗马时期前厅大门的内侧。当光线照射到它们时，这些铭文的恶作剧式的得意就全部展现出来，因为索贝克赞美诗几乎全是用鳄鱼符号写就，而赫努姆赞美诗则全是用公羊的象形文字符号书写。

所幸，索贝克的赞美诗开篇是“赞美索贝克”这句话，然后才是鳄鱼符号。这显然是一首表达颂扬之意的赞美诗，它似乎由神的各种称号组成，该诗颂扬了索贝克的各种品质和属性，甚至赞扬他是鳄鱼。从其他的文本来看，鳄鱼符号有很多可能的用途和读物，例如“主人”“攻击力”“神圣”“索贝克”“在荣耀中显现”“时间”“攫取者”等。[6]赞美诗的聪明之处在于，写赞美诗的祭司把整个赞美诗当作一个象征性信息，因为鳄鱼神和公羊神这两位神都被认为是创世神，他们自己创造了万物，在万物中，他们无处不在。因此，赞美诗通过含义、音值、书写和表现形式来表达神存在于一切事物之中。如果需要一篇文本来表现象形文字的真正胜利，那一定是这两篇中的任意一篇。

如果这样的文字暗示了一种与填字游戏相同的乐趣，那么就有真正的“离合诗”文本，这种文本可以至少在两个方向上被阅读。在拉美西斯二世统治伊始，内布温尼奈夫（Nebwenenef）墓中的石碑就刻有一首标准的献给奥西里斯和拉神（Re）的赞美诗，该诗以水平行列的文字书写。石碑的中间位置画有两条竖线，竖线把所经之处的每个横行的一个字连到一起，从而构成了一段简短的竖行文字。在拉美西斯六世统治时期，帕瑟（Paser）的石碑上有一篇为穆特（Mut）所作的赞美诗，赞美诗的每个字都写在方格里，这是离合诗的进一步发展。从水平或垂直方向可以读到两首赞美诗。实际上，这篇铭文还有第三种阅读方式，可能是围绕着外侧的文字进行阅读，但石碑的这一部分已经丢失，因此无法解读。[7]

有些文本似乎是用游戏式的象形文字书写的，但也有可能不是。一件现藏于卢浮宫的石碑（C12石碑）在开始的几行写着常规的墓葬铭文，然后是一排奇特的人物，他们被雕刻成普通正文高度的大约两倍。这些人物似乎构成了一个小场景，但他们正在做奇怪的事，或携带奇怪的东西。一个人用托盘托着一个人头，另一个人戴着面具，一群无头的人一起奔跑。这种现象在石碑上的图像或文字中并不常见。这难道是对奥西里斯节上所进行的一些奇怪仪式的描绘？是否可能是对古旧文本的误读和誊抄？艾蒂安·德里奥顿（Étienne Drioton），一位托勒密时期的文字专家，在这一排人像中看出了一行密写文本，并根据自己总结的埃及人如何密写的原则将其翻译了出来。[8]

也有整个雕像包含文字游戏或谜题的例子。在开罗博物馆的一尊雕像中，拉美西斯二世（Ramesses II）的形象是一个头戴太阳圆盘的儿童，他手里抓着一株芦苇，蹲坐在鹰神荷鲁斯（Horus）前。有些意象是标准的，如鹰神荷鲁斯保护国王，但国王以儿童形象出现是较为不寻常的，而且乍一看芦苇也似乎格格不入。因为这个雕像是一个字谜，因此应把它当成一个短语来读，其中包含的象形文字元素为太阳圆盘、儿童和芦苇。这些符号读作 *Rʿ–ms–sw*。“Ramesses”，意为“太阳神生了他”，这是国王的名字。这不是一个新主意，哈特谢普苏特的高级官员塞内姆特（Senenmut）的一些雕像也玩类似的文字游戏：一名男子向一条头上有一对手臂和一个太阳圆盘的眼镜蛇献祭。这是“Maat-ka-re”一词，是“国王”哈特谢普苏特的名字之一，雕像的寓意是她的最高官员将她奉献给众神。

以轻微的程度，象形文字不断地以我们几乎无法领会的方式唤起特别的意义和象征。文本中最常见的文字游戏形式之一，是在仪式文献和其他文本中使用拟声词和头韵。在最低限度的情况，是把以相同读音开头的词组合成一个头韵词组：Peter Piper picked a peck of pickled pepper（彼得·派珀采摘了一批腌制的胡椒）。再进一步，是把包含相同读音的单词组合在一起：Ten taut taws taught Taurus the tawdry truth（十根拉紧的鞭子教会金牛座的人俗丽的真理）。这个系统发展的最终结果是双关语的形成，在双关语中，两个词的发音相同，但意义大不相同，英语中常用来表示幽默：Infamy! Infamy! They've all got it in for me!（耻辱！骂名！他们都帮我弄到手了！）[9] 托勒密和罗马时期的神庙文献都使用了这些语义双关、双关语和读音游戏，尽管其中可能没有什么幽默元素。事实上，双关语通常被视为一种高妙的表达方式和神圣的交流方式：*wḏꜣ r wḏꜣt nb wḏꜣw m ꜥ=i* “wedja er wedjat neb wedjau em aai”，“走向每一个房间，护身符在我手中”。字面意思是“去每一个安全的地方，安全的东西在我手中”。毫无疑问，它的深层含义是一种保护和保存的意识。重复的读音强化了含义，强调了潜在的信息。这对于摧毁敌人的力量尤为重要，所以头韵和双关语在这类仪式中至关重要：*ẖftyw ẖbẖb m ẖmt* “kheftiu khebkheb em khemet”，“敌人被鱼叉杀死”。它们也可以用来肯定美好的事物：“*mꜣꜥ mꜣꜥt*”“献上玛阿特”。

最后一个例子也是艾德福神庙中一个最重要的双关语的基础。这座神庙与宇宙秩序及王权在这个核心中所起的作用有关。玛阿特的含义是“宇宙和谐”“真理”和“正义”，这一点是众所周知的，但该神庙中的核心仪式，展示了人与神之间的沟通和协议，而国王在中间作为调解人来使二者关系平衡。这也是一系列双关语的重点，在这些双关语中，玛阿特的供奉得到了加强。“maat”的实际发音听起来更像是“mere”，它的发音与埃及语中的

“喉咙”“女歌者”“他所爱的”和“眼睛”这些词相近。单独提及这些事物的一种，也能够使人想起玛阿特的核心概念，它们中的每一个都包含了其他概念的所有方面。这里有一个中心主题：喉咙能唱出歌声，歌声进入身体将其滋养，这是玛阿特的目标之一。然而，当女神哈索尔被称为玛阿特时，这个名字唤起了她作为女歌手、国王的供养者、国王的爱人和他的全视之眼的角色。这类双关语有一个至关重要的目的，就是要保持它们命名的事物的力量。聆听一场埃及的仪式一定既是听觉和智力上的体验，也是身体上的体验——闻到熏香，看到手势，听到声音。文字和观念的游戏立刻刺激并调动了所有的感官。

神是多么幸运。

| 第五章 |

书吏与日常书写

05

一篇圣书体文本的书写，包括在石料上精心刻画鸟形符号中的每片羽毛及每个篮子，然后再给它们上色，需要一组工匠全神贯注。指定的文本可能先是在纸草卷上写好，之后用红色墨水书写于准备好的墙面上（石匠与排线工的工作），然后一位熟练的起草员会以红色底稿作为空间排列与字词中符号选用的参照，并以黑色墨水覆写文本。在这个阶段，他对于每个符号的精确位置与大小已有了完整的想法。本质上，熟练工绘制这篇铭文并没有节省时间，却可以做到完美。

接下来登场的是雕刻工。如果要做成高于石头表面的凸浮雕，那么背景部分须凿掉。技艺较为生疏的工队会率先开工，在墙上把较大面积的空白区域开凿出来。在接近文字符号时，技术熟练的雕刻工会接手，雕刻越来越接近符号轮廓处，最终刻画和打磨每个字符的细节。最后，画工可能用分配好的颜料沿着墙壁或纪念碑完成他们的工作。这批古代色彩处理者所经之处，蓝色、黄色、红棕色和白色激活了画面。

而如果要制作的是凹浮雕，过程会更快一些，并且只需要凿出实际的符号，就像阿玛尔纳神庙和贵族石碑上的浮雕那样，制作粗糙、不修细节。而这些凿出的符号常常搭配凹浮雕的画面，其表面的造型和模制就像是用石膏制成的一样。铭文所处的位置也决定了所需浮雕的样式。位于建筑物外部或纪念碑上的文本与图像，通常采用凹浮雕的形式以捕捉斜射或直射的阳光。建筑物内部或封闭区域的文本通常刻成凸浮雕，如此便可被微弱的灯光或任何从门道或屋顶开口照进的光线照见。

圣书体文本的刻画者需要技艺与练习。工匠分为不同的级别，画工与雕刻工并不能读懂他们正在刻画的铭文。这一点反映在描述相关人员的术语上。埃及语中的“书吏”一词为 sš（sẖ），如果使用纸草卷为限定符，那么这个词也有“书写”的意思。而圣书体的刻写者被称为“gnwty”（雕刻者），使用墨水书写与在石头上雕刻被视为截然不同的技艺。

书吏与僧侣体

对每月月底要在某个三角洲村落中制作税单的普通书吏而言，使用圣书体文字显然不是一个现实的选择。取而代之，负责行政管理的官僚机构使用了被称为“僧侣体”的速写草书文字。书吏盘腿坐于地上或矮凳上，衣服下摆平整地铺于膝盖之上作为桌子。他的纸草卷在指定的地方展开，纸草的左端握于书吏的左手，右端被压着或者自然落于右边，以保持纸草的紧绷。书吏手持芦苇笔，在水罐中浸湿，接着在墨块上磨蹭，混合水墨直至墨色变得浓淡适宜，然后从右至左沿着纸草展开一面上的水平纤维奋笔疾书，书写僧侣体文字。纤维形成了天然的横线，令书吏可以笔直书写。文本的开头或者重要的部分用红色墨水书写，红色是他调色盘上的另一种颜色。握笔的方式更像是拿着毛笔：芦苇笔轻巧地平衡于食指、中指、无名指之间，由拇指掌控，整个手悬于纸草之上。这意味着草体圣书体可以写（画）得更快。

这样一幅田园诗般的画面预设了所有书吏都是右撇子，的确他们通常被表现为右手写字的样子。不知这是不是一种行业要求，但是对用右手书写的人来说，从落手的地方也就是右边开始向左书写更为自然。此外，在古王国和中王国时期，僧侣体文本写于竖行栏中，从右向左推进。不知这是否只是当时的时尚，抑或代表着一个位于国家政治中心的书吏学校的传统。中王国时期的政治中心在法尤姆地区的伊特－塔威（Ity–Tawy），而至新王国时期则转移到了底比斯和孟斐斯。到第十二王朝晚期，水平的书写方式已经出现，此后在日常纸草文献的书写中变得更加普遍。竖行栏的书写方式在一些宗教文献如《亡灵书》中仍有出现，并有可能被视为一种刻意的古风做法。

面对僧侣体文本，有时很容易就看出它们是源自哪些图画形式的圣书体字符。雕刻端坐着的男性形象的圣书体符号需要好几个步骤，而僧侣体减少了芦苇笔接触纸草或写字板或陶片表面的次数。端坐男性的圣书体字符的头部、躯干、手臂、腿部都需要仔细描绘，而该字符的僧侣体版本呈反 S 形并有一条垂直线贯穿其中，两三笔就可以快速、流畅地写出。圣书体的猫头鹰字符具有非常细致的羽毛，而在僧侣体中它简化成了流畅的一笔，看起来就像数字 3。某些字符组合在一起成了连字，所以这些字符可以一两笔写就，不用分开书写。

符号 1：第六王朝的一个符号。猫头鹰的耳朵还在，但还是更像一个线状字符。

符号 2：出自第十八王朝纳赫特（Nakht）的《亡灵书》。真正的线性圣书体。

符号 3：出自第十九王朝谢斯特 · 比提（Chester Beatty）纸草 I，《荷鲁斯与塞特之争》。字符现在一笔写成，还可以看出头部与身体的样子，但是特色的耳朵与爪子消失了。

符号 4：出自新王国初期的艾德文 · 史密斯（Edwin Smith）纸草，一个更加平稳、简洁版本的僧侣体的 m。

图 14　不同种类或年代的僧侣体文字中的猫头鹰符号举例，阅读方向均为由右至左

虽然圣书体的不同书写风格的确可以区分开来，但由于它们是团队合作的产物，因此除非对手写圣书体进行细致研究，否则每个工匠各自的手笔通常不能被识别出来。僧侣体写成的文献一定是出自一人之手，并保留了各种笔迹。根据文献类型的不同，有些特别精美的手稿可被称为“抄书手稿体（book hand）”，如拉美西斯时代的哈里斯（Harris）纸草I，这份手稿完整且配有小插图。也有学生文本或者水平低下的书吏写成的简单文本的例子，同时也有大量介于二者之间的手稿。无论是谁书写了这些文本，至少它们都是亲笔版本。笔迹研究（古文书学）对于确定文本年代十分有用，因为书写风格随时代变迁而有明显区别。这一点对任何手写文本都一样，但在埃及，这一点对于出处不明或者后来被再次使用的文本尤其有效。研究有确定年代的文本中的书写风格，总结出的笔迹特征其后可以用于研究年代未知的文本。通过这种研究可以识别出书写者是谁，这意味着我们可以借此追寻个人的职业生涯以及国家大事。

一份由杰胡提摩斯（Djehutymose）与其子布特

阿蒙（Butehamun）之墓的书吏书写的书信档案，透露了新王国末期拉美西斯十一世在位时某个时间发生于底比斯的一些事态的宝贵信息。作为管辖上埃及的将军们所信任的副官，杰胡提摩斯必须前往努比亚及埃及境内的其他地方巡察并报告，而布特阿蒙则负责底比斯的事务。下面这封信写于复兴时期第十年，信的开头祈祷底比斯诸神保佑皮昂赫（Piankh）将军。信中提到收到并读过将军最后一封来信，接着提到底比斯代理人给皮昂赫将军寄送衣物过于缓慢，将军妻子建议杰胡提摩斯亲自送衣至努比亚。这个看似家长里短的细节实际上揭示出皮昂赫正忙于应对努比亚内部的威胁。信的结尾，提到一项建筑工程所遇到的困难以及在墓区中寻找一座古代陵墓的进展。标准的问候句式与回忆式的叙述相结合，问候句式如“愿阿蒙将你平安带回，你拥抱 Ne（底比斯）而我们看到你活着、成功地、健康地归来”，回忆式的叙述如对杰胡提摩斯与皮昂赫擦肩而过的描述：“当我们抵达底比斯，他被告知你已经走了，就在我们抵达女神之处之前！当时他几乎死了过去。”[1]

图 15 书吏布特阿蒙的僧侣体书信，从右至左书写。（大英博物馆纸草，EA 10375）开头问候部分的字符较大，然后变小以适合整张纸草

僧侣体文献

僧侣体文献的种类十分丰富，涵盖可以书写的任何种类的文献，包括管理性的税务账目、帝王谷工匠的日记账及其休假记录、正式的国家宫廷记录、官员调查报告、土地契约以及遗嘱。同样还有诗歌、赞美诗、祈祷文、解梦指南、魔咒、医学文献以及文学教义与礼仪用书（不太恰当地称为智慧文学）。有神庙的财产清册、神庙内进行的仪式的记录、神庙知识之书、《冥世之书》（来世的指导书），以及其他关于来世的书。有个人之间的书信、给死者的信、要求给王室工程队输送供给的官方信件以及更多珍贵的信件。佩皮二世在给哈胡夫的信中要求他照顾好作为礼物献给国王的侏儒。在哈胡夫眼中这封信太过珍贵，以至于他将信件的圣书体版本刻在了他位于阿斯旺的坟墓的入口处。遗留下来的僧侣体文献还有上百万份收据和账单，内容从驴子到洗衣清单，涉及生活的方方面面。对字纸的情结古已有之。可以想象一下我们现代的垃圾箱或废纸回收箱，里面装着从信件到会议通知、商店收据、有字的包装纸、传单、杂志等内容——古代早有类似的“废纸篓”，但只在少见的情况下和特别的条件下才能保存下来。

以上所说的文献大多出土于底比斯的工匠村——修建帝王谷陵寝的工匠居住的地方。以古埃及的标准来看，麦迪纳工匠村的居民文化水平相当高，因为许多生活在那里的人的工作是在墓中书写、刻画圣书体文字，并且很多是专业书吏。或许是为了满足这样一个特殊地方的管理需求，村里能读会写的人多到不同寻常。他们的收据和笔记最后被填埋在新王国时期修建的一个用于供水的巨坑中。发现这个深坑就像是找到了一个垃圾填埋场，考古学家需要从垃圾堆的零碎中细细筛选，拼凑出个人生活的碎片。这些文字留在了石灰岩片和陶片上，其中一些石片和陶片只有手掌大小，书吏把它们作为掌心便笺纸来随写随用。根据潦草的僧侣体笔迹及他使用的敲圆了边角的陶片——这样处理过的陶片不再易碎，考古学家辨认出了一位名叫肯赫科普舍夫的书吏，他用这些陶片记下了重要的笔记。他和他的家人还有一座图书馆，里面收藏了种类丰富的纸草卷书，可能是用来自己阅读或者读给其他村民听的。在这座图书馆里发现了40多份文献，包括肯赫科普舍夫自己手抄的《卡叠什之战》、《荷鲁斯与塞特之争》（一部神话剧）、《真理与谬误的故事》、《情歌》、《阿尼箴言摘录》，还包括赞美诗、治疗白发和秃顶的秘方、解梦书、官方和私人信件以及纳乌那赫特的遗嘱。[2]

或许最为重要的，是工匠村出土的材料所反映出的一种悠久的、口传文学的传统。一些埃及的故事只有孤本被保存下来，比如维斯特卡纸草中较早的《奇迹故事》，它原先可能是一套由许多章回组成的故事集，被一名书吏一次性誊写在纸草上。世俗体故事集《派特图姆之子派迪斯的故事以及另外七十个故事》以“在法老面前讲述”作为开头，显示这些故事是用来读给听众听的。[3]

《赫卡纳克特书信》写于第十二王朝辛努塞尔特一世统治早期，以卡祭司赫卡纳克特的名义撰写。他的工作之一是负责门图荷太普二世的宰相伊辟的墓地祭祀。这意味着他要负责一块土地，这块土地的收入被用于祭祀供奉及支付赫卡纳克特自己的报酬。然而此人明显还有其他生计，这些生计有时需要他离开家乡。这种时候，他就会寄回一封封书信给他的代理人 —— 大儿子迈瑞苏，以确保有人照看他的家业。他有时会亲笔写信，但有时也会口授给书吏代写，可能因为他太过繁忙而无暇坐下写信，或是他没有接受过正规的训练，抑或是他的身份地位允许他拥有私人秘书。书信的行文风格非常通俗，即使只看翻译后的文本也可以想象写信时的情景：他来回走动，大声吼出自己的想法和随意的话语，而书吏竭力想跟上他的话并把它们记录下来。他时而操心家里的工人有没有努力工作，时而操心家里人的口粮分配，随后他又开始担忧他的儿女们没有善待他的小妾。他的倾诉太过生动，以至于阿加莎·克里斯蒂以此为基础创作了一部以古埃及为背景的谋杀推理小说（《死亡终局》）。赫卡纳克特的想法与感受被一名勤勉的书吏以僧侣体文字的形式保存了下来，我们由此能够阅读并一窥他的生活。这些信件并非都写得清楚明白，因为仅有单方面的回复被保留了下来，但它们也提供了有关他的家庭构成、家眷、仆人的零零碎碎的信息，包括成年与年幼的孩子、一个守寡或未嫁的姐妹、年轻的第二任妻子——她也是家庭矛盾的导火索。其中一封寄给邻居的信则从未被打开过，迈瑞苏压根没将它转交给收信人。[4]

职业书吏

书吏是每个生意人的随从中不可或缺的一员。重要的资料与数据不能像故事一样仅凭记忆保存，一名优秀的、负责记录大量笔记的秘书必定在管理事务方面给予像赫卡纳克特这样的人以安全感。赫伦布墓中刻画的书吏戴着考究的假发，穿着优雅的长袍，每人修长优美的手指都拈着一支笔，笔尖稳稳地悬在纸草上方。他们近乎柔弱的姿态与画面右侧的非洲奴隶形成了令人不适的对比——奴隶正遭受掌掴，被人拉扯向前以供清点，随后成为奴隶账册中的一个数字。此处刻画的四名书吏正在以一式四份的方式记账。

图 16　赫伦布墓中的书吏，萨卡拉，第十八王朝

书吏无疑以自己的技艺与能力为傲。在一篇虚构的教谕文学中，一位名叫霍利的自大书吏责骂了他的同僚，并劝告他去学习如何组织人开挖湖泊、修建砖砌坡道、确定运送方尖碑所需的人数以及安排军用物资供给。这位同僚还被要求学习亚洲地理方面的知识。[5]书吏甚至为同行撰写了多篇被称为《职业讽刺诗》的文献，其中取笑了各种各样的体力劳动者，包括陶工、渔民、洗衣工乃至远离家乡在异国执行任务的士兵，每段都以劝人“做个书吏

吧”作为结尾。干净的生活、身穿精细亚麻衣服、讲究而轻松地度日——书吏的职业优势一目了然，令人称羡。

《职业讽刺诗》高调宣称书吏是最好的职业，是人生的发迹之路。通常，每个想在国家官僚系统中的重要部门担任管理职务的人都需要同时学习书写与阅读。读写能力对精英阶层的男性来说是基本要求。大多数的长子是子随父业，但也有人能跨越阶层，将自己的儿子送去学校来确保他们的社会地位。我们无法确知多少有天赋的人能够脱颖而出，接受书吏训练。在经过最初的僧侣体文字培训后，新书吏会被选送到某一行政部门。他们或在财政部门担任会计，或在法律部门担任书吏。在神庙中，书吏可以充当祭司，抄写宗教文本或者举行仪式，或是负责神庙地产和库房运营的管理。在军队中，许多随军书吏负责战斗的日常记录和远征军的供给账目。在宫廷中，书吏需要负责从部门联络到国王金字塔建造，从协商外国公主的聘礼到为后宫安排亚麻布织造等大大小小的事务。每个领域的工作都以会计与记录为主，但又各有专攻。这表示书吏之间可以互相替换，因此他们可以在官僚机构的各个部门工作（拥有各个部门通用的技能）。埃及最有权势的那些人，例如维西尔帕瑟、赫伦布将军，以及大祭司赫利霍尔都曾在不同部门任职过，并将他们积累的管理国家的经验用在加强王权上。

初级的书吏训练始于童年。入选的书吏学生一排排坐好，教材放在衣服的下摆上，他们诵读熟记于心的文章，直到能把符号、词语以及语法结构一一对应上，然后再阅读全文。在新王国时期，学生还会抄写更为古老、经典的指定文本教材，包括埃及语经典文献《辛努海的故事》，有证据表明这个作品是教导他们何谓埃及人。但更流行的教材是《职业讽刺诗》《阿蒙涅姆赫特一世的教谕》及《书信集》（一本书信模板汇编）。[6]所有的文本都有着双重目的，既要传授阅读与书写方法，又要教导学生书吏与管理职业中的行为规范，阐明书吏的职业道德准则。懈怠的在读书吏会被拷打后背，醉酒与嫖娼的人则是行业的反面典型。

所有书吏都要学习僧侣体，但只有成为起草员或祭司的才需要学习圣书体文字。现存的能辨认出的训练教材多是僧侣体的，可见书吏学习的是最具实用价值的文字。埃及很少有字典等教辅资料留存，或许是因为使用过度而耗损，但一些词表和一份临时使用的语法表保存了下来。塔尼斯符号纸草中的栏目包括圣书体字符、对应的僧侣体字符，以及该字符为何种僧侣体的简短注释，例如，符号被描述为“人嘴”。在塔尼斯的一栋房屋中焚烧过的杂物堆里发现的地理纸草包含了关于埃及行政管理区域（诺姆）的圣书体信息：诺姆首府的名称，诺姆的圣船、圣树、公墓、节日日期、禁忌之物的名称，以及本地的神明、土地和湖泊。这种有趣的资料编纂可能由一名祭司完成，且与诸如艾德福神庙墙上的资料汇编十分相似。[7]

词表（专有名词表）的组合十分有趣，因为它们反映了埃及人对自己的语言及周围世界的想法。阿蒙涅姆普的专有名词表将词汇分为了几组，每组都由指涉同一概念的词语构成：天空、水域与土地；行政头衔与职位；人的阶层、部落、种类；埃及的城镇；建筑与土地类型；农业用地、谷物和农产品；饮料、牛的身体部位和肉的种类。倘若这些曾作为学习拼写的教辅材料或管理和税收的依据，那么这些“标准”术语应当是全埃及的书吏通用的，这反映出埃及人惯常的务实做法。而新王国时期的词表看起来则笨拙得多，词语一个挨着一个写成一行，所有信息都混在一起，很难查找需要的词语。看起来到了这个时期，这些词表开始被传抄，且仅作为备用，书吏会记住所需的部分。中王国时期的拉美西姆词表则实用得多，它分成了多个竖栏，每个词条都十分清晰。例如词表中包含的牛类符号表，列出了每种特定的牛所对应的符号：

 “wadj 符号：这是红牛”。[8]

现存的医学文献有着相似的功能，其中包括症状的描述、伤病的诊断，以及病情的预测和处方。除了这些实际治疗，有时还辅之以病患之名抵御邪祟的魔法咒语。这些医学文献往往被称为迷信的“魔法”，但它们可能确确实实对患者的身心发挥过重要的疗效，就像我们现代的安慰剂一样。莱茵德数学纸草是一组数学练习题范例，其中提出了各

类数学问题，例如计算圆柱形粮仓的容积或斜坡的坡度——这是金字塔建造的基础知识，然后在下面作答。如此一来，书吏可以看到整个计算过程中的每个步骤，并自己练习计算。计算还要求掌握分数的运用，这展现出埃及人对数字本身的热爱，但这还是在实际应用的范围内。[9]

有些书吏因其技艺和智慧而在生前就声名显赫，有些甚至死后也备受敬仰。拉美西斯二世时代一个名叫巴肯孔斯的男人在献给卡纳克阿蒙神庙的雕像上留下了自己的生平。他曾是阿蒙神第一祭司和一座城镇的长官，在雕像上他这样写道："我将使你知晓我在世时的成就及自我出生以来所拥有的所有官职：我用了 4 年时间成长为一名出色的少年，在随后 11 年的青春岁月中，我是国王门玛特拉的马厩长。我担任了 4 年阿蒙神的瓦布祭司，担任了 12 年'阿蒙神的神父'，担任了 15 年阿蒙神第三祭司，担任了 12 年阿蒙神第二祭司，之后又担任了 27 年阿蒙神第一祭司。"这位到达职业巅峰的男子，最终当上了众神祭司的总管与阿蒙神第一祭司，而且他十分长寿（即便这些任职是连续的）。有关他如何开始职业生涯的故事出现在献给卡纳克阿蒙神庙的第二座雕像上。他宣称自己出生于底比斯，是卢克索的一位阿蒙神第二祭司的儿子："我来自书写/卷轴之屋，是天空女神神庙中的一名'卓越之人'。我身为一个受父亲教诲的儿子，在阿蒙神之屋中学习成为一名祭司。"这段文字显示出年轻的巴肯孔斯与生俱来的优势，以及在他选择进入祭司行业并从最低职位开始晋升之前入读书吏学校的经历。这段文字虽然充满程式化的套话，但也列出了巴肯孔斯的一些额外头衔：天空、大地与阴间秘密的掌管人，底比斯太阳神的伟大先知，伟大的塞姆祭司，普塔神技艺的监督者。[10]

书吏"哈布之子阿蒙荷太普"更为成功。在图特摩斯三世统治时期，他曾是自己家乡阿特里比斯的一名书吏与祭司长，在 50 多岁时被召至底比斯成为阿蒙荷太普三世的首席建筑师，主持建造国王的大型墓葬建筑群和尼罗河西岸的宫殿。他被人们称为"文化部长"，但他自称"真正的国王首席书吏"。阿蒙荷太普在底比斯的各个神庙中分别供奉了约 10 座自己的雕像。这些雕像腹部赘肉层叠，显示着他的富足与资历，雕像还有一张颇具个人特色的脸。他通常以典型的书吏姿态坐着，略微倾身向前，读着膝上展开的书卷。如果有人想要帮助他解读一篇特别难的文本或僧侣体手稿，可以站在他身后与他一起阅读。雕像上的铭文写着他的名字与头衔，并赞颂他的美德——他的美德看起来相当多。此外，他还扮演着人和神之间的媒介。如果人们前来为这位老书吏祭酒，他会亲自将人们的祈愿传递到阿蒙神那里。实际上，这或许正好解释了他在现实生活中真正的重要性——在面见国王阿蒙荷太普三世之前，请愿者、顾问以及将军们须先通过书吏阿蒙荷太普。他认识每个人，也知道每个人的每件事，包括国王的所有事务。阿蒙荷太普是理想的书吏，他安静谦逊，从不叫嚷吹嘘，有自制力并且静默。他因他智慧的谏言而令人肃然起敬。至少从书吏的角度看，这就是他达到职业巅峰的方式。在现实生活里，在阿蒙荷太普三世宫廷尔虞我诈的政治斗争中，他想必运气不错，而且拥有一些非书吏的职权与技能。他在民间极负盛名，以至于在西底比斯被尊为智者与当地的圣人。托勒密时期，人们在麦迪纳修建了一座小神庙，其中一部分是专门用来供奉他的，可见人们对他的崇拜持续了近千年。

麦迪纳的这座神庙敬奉的第二位“圣人”也是一名书吏，即传奇的伊蒙荷太普。他是国王奈杰瑞赫特（乔塞尔）的建筑师，曾负责第一个巨石纪念性建筑——阶梯金字塔的建造。在他的头衔之外，我们很少知道他的生平：“下埃及国王的掌印官，伟大宅邸的伟大先知，雕刻工与石匠之首。”因为与这座非凡且富有创新性的建筑的关联，他后来被尊为书吏圣人，成为人与诸神之间的中介。萨卡拉的几座神庙都供奉着他的铜制雕像，其他地方的神庙也有供奉他的神龛。他的雕像坐于方椅之上，剃光的头上戴着帽子，纸草在他的膝上展开。虽然关于伊蒙荷太普的记忆即使对新王国时期和之后的埃及人来说也是十分古老的，但他的职业生涯与作为智者的成功或许才是后世赞颂他的原因。这样的人凭借自己的智慧、阅读圣书体文字的能力以及被赐福的身份地位而获得与神灵交流的资格。[11]

国王也需要学习书写，在中王国的“尼菲尔提预言”中，国王斯奈弗鲁索要调色板与纸草卷，以亲自记录诵经祭司尼菲尔提做出的有关未来之事的预言。在神界，鹮首神灵图特是在神圣鳄梨树的树叶上记录国王生平事件的神圣书吏，每过一年，他就在棕榈叶的叶梗上刻下一道痕迹以计算国王统治的时间。狒狒形态的图特常被表现为趴伏在书吏头部并向其传授智慧的样子，虽然方式看上去有些不舒服。书吏的重要性甚至延伸到了来世，在来世，图特负责在场记录称量死者心脏的结果。在冥界之主奥西里斯面前，死者的心脏被放在天平上与玛阿特的羽毛一起称量。如果天平平衡或心脏较轻，死者会被宣判为“所说是真”，然后获准进入来世。如果天平下沉，心脏则被怪兽吞食，死者也灰飞烟灭。整个过程会被记录下来，正如所有司法审判程序一样。文字确保了事物的存在，无论人们是否能看懂它。

| 第六章 |

古埃及文字的破译

06

埃及象形文字的破译始于这种文字刚刚被遗忘之时。最后的圣书体铭文来自公元 394 年狄奥多西大帝统治时期的菲莱神庙。到访埃及的希腊作家，如希罗多德（公元前 5 世纪）、斯塔拉波（公元前 1 世纪 — 公元 1 世纪），以及西西里的狄奥多罗斯（约公元前 40 年）都将圣书体字符描述为一种难以理解的图画文字。公元 4 世纪，一位名叫赫拉波龙的希腊化时期的埃及人对埃及文字进行了一次考察，并出版了著作《埃及象形文字》（*Hieroglyphica*），其中包含 200 个文字符号的词汇表和他对符号意义的解读。这部作品本身早已失传，而破译象形文字的突破口直到 1415 年才重新出现。1415 年，意大利神父克里斯托弗罗 · 布翁德尔蒙蒂在安德罗斯岛得到了《埃及象形文字》的手稿，这为文艺复兴时期解读圣书体文字奠定了基础。按照赫拉波龙的观点，每一个符号都有其象征意义：有露水滴落的天空是“教育”的意思，狮子的前半身是“力量”的意思，而猫头鹰则代表对葡萄酒丰产的预知。他未能考虑到符号的表音系统，并且给出了一些全凭想象的解释。比如，秃鹫符号的意思是“母亲”，因为秃鹫只有雌性，不借助雄性也能繁殖后代。在埃及语中，秃鹫符号的确能表达“母亲”之意，但原因在于秃鹫符号的发音“mwt”与“母亲”一词的发音相同。此外，象形文字符号也被认为有着故事和哲学层面的寓意，其中深藏着打开古代秘密的钥匙。[1]

耶稣会士阿塔纳斯·柯雪在他的《埃及的俄狄浦斯》（*Oedipus Aegyptiacus*，约 1650）一书中迈出了重新探索象形文字含义的第一步。柯雪是罗马的一名数学教授，他对科学与语言文字抱有兴趣。他研究了欧洲的科普特语手稿，编写了一部科普特语法书，并首次意识到科普特语是古埃及语的直系后裔。然而他也走了弯路，仅凭对象征意义的推测来翻译象形文字。

1799 年，拿破仑的法国学者们在罗塞塔发现了一块神庙石碑的一部分。罗塞塔石碑上刻有一道托勒密五世的教令，它可能曾于公元前 196 年矗立在塞伊思的一座大神庙中。现存的这部分花岗岩残碑上刻有教令，该教令用以保证赐予埃及神庙土地与捐赠，但这座石碑的关键点在于它刻着同一篇文本的三语对照版：埃及圣书体、埃及世俗体与希腊语。学者们马上意识到了这个石碑对破译象形文字的重要性，旋即开始尝试破译上面的铭文。作为拿破仑战利品的一部分，罗塞塔石碑被交给了英国，但石碑上的铭文在这之前已经被复制了多份，并随后传送到了世界各地。随着文字背后各种语言规则的发现，破译的过程经历了几个阶段。以事后的眼光看，破译过程虽看似一步紧跟一步地推进，但实际上往往在一位学者灵感突现（正如柯雪那样）的同时还沿用着其他错误的假设。因此，就像任何一种密码的破译一样，最后的成功取决于从诸多的排列组合中找出那个正确的组合方式。

图 17　公元前 238 年的卡诺普斯教令。这是一块完整的石碑，刻有同一文本的三语对照版本。这可能也是罗塞塔石碑最初立起时的样子。开罗博物馆 22816

先前的学者们也取得了一些进展。首先，法国东方学家与汉学家德金（1721 — 1800）已经意识到符号组中含有限定符号，以及王名圈中包含王室的名字。随后丹麦学者格奥尔格·索伊加（1755 — 1809）提出象形文字可能是一种拼音文字，并同样独立提出王名圈中写的是王室的名字。他还学习了科普特语，他认为这有助于他的工作，但是他的主要兴趣在于埃及方尖碑。瑞典外交官约翰·大卫·阿克布拉德（1763 — 1819）在比对罗塞塔石碑上的希腊语与世俗体铭文方面颇有进展，他辨认出了这两种文本中所有特定的人名。他还认出了世俗体中的“神庙”“希腊人”以及后缀代词“他”。引人注目的是，他还在 1802 年出版了一份世俗体字母表，但是他只关注世俗体文字的表音属性而忽略了其他，这使他落后了一步。英国医生与物理学家托马斯·杨（1773 — 1829）因发现光的波动理论而为人熟知。他认识到了科普特语和象形文字间的关系，并且首次提出埃及铭文既使用表音符号也使用非表音符号。他读出了托勒密的名字和他的两个尊号，还有贝尔尼克王后的名字，并认识到这个名字中有代表阴性的蛋形符号以及 t 词尾。巴黎国家图书馆东方语言学院的阿拉伯语教授西尔维斯特·德·萨西（1758 — 1838）可能整合、审阅了这些发现中的一部分。他率先认出并以世俗体转写了三个名字，然而认定这种语言是拼音文字的想法阻碍了他。他与杨通信并鼓励杨，但最终取得了决定性突破的反而是他自己的学生。

商博良（Jean-François Champollion，1790 — 1832）曾是一名天才儿童，也是一位熟谙拉丁语、希腊语、希伯来语、阿拉伯语以及最关键的科普特语的语言学家 —— 在 16 岁之前商博良一直用科普特语记日记。当时，一些埃及的科普特教士仍在科普特礼拜仪式中使用这种语言，虽然科普特语在一定程度上被保存了下来，但人们对它的了解依然极为有限。商博良还学习了古汉语和波斯语，在 17 岁时他成为格列诺布公学的一名教师。他也得到了一份罗塞塔石碑铭文的复制品。

此时对石碑的研究状况是：根据希腊语与世俗体部分的铭文已经得知了国王的名字是托勒密（Ptolemaios），因此可以与王名圈环绕的圣书体王名进行对照。商博良对书写方向给出了自己的猜测，并假定王名的读法是拼音性质的，其中每个圣书体字符都是独立的符号。在采用了这个思路后，他便拼出了托勒密的名字，获得了其对应的七个字母。（杨的研究也独立推进到了这一步。）

1815 年，惠灵顿公爵之友威廉·班克斯在菲莱发现了两个方尖碑，它们于 1827 年被运往英国多塞特郡的金斯顿莱西庄园。一个方尖碑的碑身上刻有圣书体文字，但底座上是希腊文。商博良拿到了一份副本并找到了托勒密的王名圈（托勒密八世）。方尖碑上还有希腊文的国王妻子的名字——克里奥佩特拉。商博良找到了对应的王名圈，此时他可以确认一些先前发现的符号及几个新符号的意义。他还认出两个代表 t 的字符，但他得出的结论是，它们是同音异形词（发音一样）。根据杨的研究，t 及蛋形字符被确认为阴性词尾，并再次被证实是一位女性统治者的名字。这个发现本身并不足以破解更多字符，但是商博良编纂了一份托勒密及罗马时期的王名圈（亦即象形文字符号）列表，并在 1822 年作为《就象形文字表音字母表致达西耶先生的信》

（*Lettre à M. Dacier relative à l'alphabet des hiéroglyphes phonétiques*）发表。

这是破译象形文字的首次突破，虽然只是一小步，其本身也并不意味着每篇文本都可以被转写和翻译，因为此时还没有确立语法规则，更遑论词汇。虽然距离文艺复兴时期象形文字的阐释已相当久远，但商博良此时依然认为埃及文字是以象征符号来书写的。为了真正理解这门语言而不是仅仅破译几个符号或读出几个王名，商博良使用了来自阿布辛贝的铭文拓本，该铭文中含有另一名国王的王名圈，即《圣经》中著名的法老拉美西斯二世。商博良已经认出了读作 s 的字母，而对于狐狸皮符号，他将其读作 m。太阳圆盘符号十分清晰，商博良知道科普特语中的“太阳”一词是 r–e，所以他将这个词读作 r–e m–s sw“拉美西斯”（Ramesses）。在王名圈中还有另一个神的名字——阿蒙，它位于王名圈的末尾，是一个带有运河形状的符号。商博良猜测国王应该经常被称为神的所爱之人。而在科普特语中，表示“爱”的词是 me，所以王名圈这部分的意思应该是“阿蒙神所爱之人”——本质上，第一次对象形文字的翻译，而非仅仅对符号的解读，就这样完成了。

商博良发现，埃及文字中既有表示发音的符号，也有表示意义的符号，1824 年他在自己的《古埃及象形文字体系概论》（*Précis du système hiéroglyphique des anciens Égyptiens*）中发表了自己的成果。商博良穷尽了能够使用的工具，并将文本视作一种语言而非两种字符来处理。他继续搜集文本并加以钻研，及时运用新发现的信息，最后终于分辨出一个又一个词组。虽然起初并不是所有人都接受他的发现，但商博良的突破鼓舞了学者们对古埃及文字研究的信心。随着对符号不同功能的认识，学者们能够在罗塞塔石碑上的文本中区分出单词了。虽然前路依然漫长，但通过对照希腊语和科普特语，研究者能够猜测到一些词语的意思，文本的语法也可以通过对照科普特语来进行研究。

埃及语言的研究

许多学者研究了这门语言，由此形成了埃及学中的不同学派，但商博良之后的第一部重要出版物是1855年海因里希·布鲁格施的一部世俗体语法书。布鲁格施是早期埃及学界的一位重要人物，他首先注意到埃及语法的闪米特语特点，随后便以更加系统的方式搜集资料。他的《圣书体文字与世俗体文字词典》（*Dictionnaire hiéroglyphique et démotique*），也是第一部系统的象形文字词典，其于1867至1882年间分七卷出版，共有3146页。柏林大学的埃及学教授阿道夫·埃尔曼（1854—1937）是第一位指出埃及语有着不同发展阶段的学者，继《新埃及语语法》（*Neuägyptische Grammatik*，1880）与《埃及语语法》（*Ägyptische Grammatik*，1894）之后，他最伟大的成就是“词典”项目。在柏林，由20名学者组成的团队查阅了所有来自埃及和各大博物馆的已知的埃及语文本，并为每个单词制作了小卡片。这些小卡片（Zettel）包括单词的圣书体写法、转写、翻译以及单词出现的地方。尔后这些卡片被归档和整理，由此确定了所有已知词汇的拼写和使用范围。这部埃尔曼与赫尔曼·格拉普合编的《词典》（*Wörterbuch*）在1926至1931年间分五卷出版，至今仍是埃及语的标准参考词典。《词典》现在可以在网上获取，而文本的收集与分析仍在继续。另一位德国“柏林学派”的语文学家库尔特·赛斯在埃及语语法领域有着重大发现，他重编并勘校了《金字塔铭文》和其他历史文献，并于1906至1909年以《第十八王朝的文献》（*Urkunden der 18. Dynastie*）之名出版。

抄写、收集、发表文献材料是根本性的重要工作，如此才能使尽可能多的人接触到这些材料。例如，雕像背后的短小文本发表于德国的《埃及语杂志》（*Zeitschrift für Ägyptische Sprache und Altertumskunde*，始自1863）及法国的《埃及和亚述语文学与考古学相关研究合集》（*Recueil de travaux relatifs à la philologie et à l'archéologie égyptiennes et assyriennes*，始自1889）中，而学者们也在齐心协力，以使更大体量的资料公之于世，例如完整的神庙铭文。伊曼纽尔·德·鲁日与埃米尔·查西纳特是发表托勒密时期的艾德福神庙与丹德拉神庙铭文的先驱，这些铭文由法兰西研究院出版。随后，《石棺铭文》、麦迪纳出土的材料以及由肯内特·基钦整理的拉美西斯时代全部文献的合集也相继面世。这些学者不仅使文献成为可以获取的资源，还把它们翻译了出来。纪念物铭文的整理工作与纸草、陶片的发表同步进行，这方面的主要学者有阿兰·加德纳、乔治·波瑟内和亚罗斯拉夫·切尔尼。僧侣体文字的材料首先被做成摹本相片的形式，如此可以避免手抄过程中出现错漏。许多大部头出版物的价格令人望而却步，只有专业的图书馆能够通过订购，或通过学者们以私人手段得到。

因此，英国学者阿兰·加德纳爵士（1879—1963）会在1927年出版意义重大的《埃及语语法》（*Egyptian Grammar*）也不令人感到意外了。加德纳是杰出的埃及学家，曾是柏林词典编纂小组的一员，专攻墓葬、僧侣体纸草与陶片的发表。他的《埃及语语法》沿袭了古典语法书的写作思路，而语法书的形式意味着它可以作为一本教学用书来使用，这也对埃及语的教学产生了重大影响。

这部书根据不同的语法问题分为多个章节。书中依次对这些语法问题做出解释，并以真实的文献作为范例，在每个章节的最后还附有练习，以供学生练习所学的内容。书中还有多处“附记”，它们涵盖了一些埃及文化方面的内容，例如“度量衡”“计时方式”与“王名”。全书的最后，是中埃及语中所有符号的列表，包括对每个符号所描绘内容的解释、符号的用法以及含义。加德纳符号表对象形文字符号的分类方法影响极大，语法的这一部分也从未被超越。书中还提供了英埃、埃英字典。需要字典的原因在于，正如古典学的研究一样，仅仅从原语言翻译是不够的，还需要学习者能从英语翻译回埃及语。当然，这是一项刻意的举措，但如此设计是为了让学生可以书写圣书体文字，并像埃及人一样思考。

其他语法书也纷纷出现，这些书针对埃及语的不同发展阶段而设计，例如新埃及语、世俗体埃及语、科普特语以及古埃及语。1924 年，安托尼 · 齐克里出版了第一本阿拉伯语的古埃及语语法书。由于加德纳的语法书非常权威且价格较为便宜（因为有牛津大学格里菲斯研究所的补贴），埃及语学生一直将其作为标准语法书。然而随着对埃及语理解的不断深化，以及学习象形文字的人群的变化，这本书已经无法满足学习者的需要，因此近年来加德纳的语法书也进行了多次修订。[2]

因为一些英国学校的课程中并不包括英语语法本身，使得缺乏语法背景知识、母语非英语的学生在钻研加德纳的语法书之前不得不先学习英语语法。针对成人的大众埃及语课程往往致力于培养学生的技能，提升他们在参观博物馆的埃及藏品和赴埃及旅行时的体验。而这些地方保存的铭文多是纪念性铭文，往往是极为程式化的表达方式（例如标准的墓葬献祭套语）或是易于辨认的王名圈。这些表达方式及含义简单易学，学习者不用担心背后复杂的语法现象。比尔·曼利和马克·科利尔所著的《古埃及圣书字导读》即是源于这样的课程，它成功地使对此怀有极大兴趣的公众相信，花费 10 英镑就能真正读懂象形文字。当然，学习者个人仍然需要投入一定的时间和精力，本地的埃及学社团有时会提供这类的学习机会。

近年来，语言学的研究成果也被应用于埃及语语法当中。在过去 40 年的古埃及语研究中，学者们已开始引入语言学领域的观点。埃及语中“第二时态”的使用表明，书面语会采取一些微妙的方式强调和突出句子中重要的部分。学者们早已留意到某些动词词尾的双辅音现象，但直到语言学家汉斯·波洛斯基提出这是科普特语中第二时态的前身时，这一现象才被理解。这种时态强调句子末尾的状语部分，所以“He went to the house”（他去了房子）变成了“To the house he went”（他去的是房子）。

埃及语研究的其他方面也有进展，譬如在理解动词的确切定义的问题上。通过不同的标记，不论是词尾的变化还是小品词、发音以及句中的位置，使动词作为被修饰的名词这一概念，显示出埃及语中存在许多有趣而微妙的表达方式。在 1986 年的一次讨论语法研究现状的会议上，分析、研究埃及语语法的全过程被描述为“抛球杂耍”。这些“球”中包括句法、语意和应用上的种种方法，但最关键的是认识到这些领域之间是相互关联的，埃及语言中往往是几个层面同时发挥作用且互相影响。哥本哈根会议上提出的不同方法说明，理解埃及语语法的关键在于灵活性，但这依然要在既定的框架内进行。[3]

在现代的学术成就中，弗雷德里克·容格的《新埃及语语法》（*Neuägyptische Grammatik*，1999）、詹姆斯·艾伦的《中埃及语语法》（*Middle Egyptian Grammar*，2000）以及伦纳·哈尼格的《埃－德大词典》（*Großer Handwörterbuch Ägyptisch–Deutsch*，1995）都能帮助所有爱好者阅读古代文献，而不仅仅面向专业的埃及学学者。去参观本地博物馆能为爱好者们提供几小时的乐趣，前往埃及旅行和参观也比先前容易得多，象形文字文献现在面对的是比以往任何时候都要广泛的读者群体。

专业领域

学者们工作的领域则越发走向专业化。每种文献都得到了详尽的研究，包括诗歌、宗教仪式文本、法律文档、经济文献、墓葬文献以及信件。文献中的每个部分都可以研究，从语法的结构、词语的意义和书写，到独立的符号，特别是限定符号的使用方式。这些研究在整体上有助于研究埃及思想的历史和发展。

词典的编者们将所有同类的词语都归纳在一起，例如药物名，植物名，外国地名，个人姓名，与烹饪、烘焙及烧烤相关的词汇，用于互相问候与交谈的词汇。这在一定程度上是一种人为的建构，但又体现了埃及文化整体之下的那些细小有趣的方面。

例如，表示乌龟的词是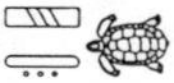*št3*，从动词*št3*即“隐藏，被隐藏”中衍生而来。乌龟藏在水池底部淤泥中的习性使它得到了“隐藏之物”的名字。托勒密神庙文献中塞特的名字之一“Mdy”被认为源自“米底人与波斯人”一词，这些人在公元前7世纪入侵了埃及。埃及人对于波斯士兵的记忆是充满仇视的，他们认为波斯人不尊重埃及诸神。当“Mdy”一词被用于代表邪恶的塞特时，它可能已经带有了某种特别的联想。

对特定材料的专业研究同样可以解决有关埃及

与古代世界更为广泛的问题，埃及与其他地方留存下来的外交书信就是这类材料之一。在拉美西斯二世与赫梯国王哈图希里三世的外交谈判的最后，一块华丽的银板被从赫梯送往了埃及的皮拉美西斯。这块银板上面以巴比伦楔形文字陈述了两国间的和平条约，在获得批准之后，条约被译成埃及语，写于纸草上，且以圣书体文字刻在了卡纳克神庙中，同时为了让赫梯人能读懂，又用楔形文字刻于泥板上。埃及的圣书体版本与赫梯的泥板版本都留存了下来，两者均保存着相同的文本，而有趣之处在于发现它们的不同。两版都是公事公办型的文件，仅阐述和平条款，没有夸张之处。吸引读者注意的是，二者底部各有一段明显源自同一文本的法律性质的条文，两位国王宫廷中的双语和三语书吏想必就此达成了一致。埃及人似乎更关注赫梯泥板上的印章，它刻画的是风暴神拥抱国王的图案，在埃及一方的条文中有对该场景的文字描述。[4]

与此类似的还有公元前 14 世纪阿蒙荷太普三世、埃赫那吞与近东各国和城邦统治者们的外交书信。只有那些保存在埃赫那吞档案室的信件得以留存，它们是埃及人寄出信件的副本或外国统治者寄至埃及宫廷的来信。这些信件大多以楔形文字与巴比伦语写成，包含根据发音拼写出的埃及名字，这为我们提供了一些有关埃及语读音的线索。埃赫那吞的王座名“Neferkheperure”（尼弗凯普鲁拉）读作“Napkhurriya”（奈普胡瑞亚），埃赫那吞之女梅丽塔吞（Meritaten）的名字读作“Mayati”（玛雅缇），阿蒙荷太普三世的王座名“Nebmaatre”（奈布玛特拉）则读作“Nibmuareya”（尼布穆阿瑞亚）。表示埃及的词是“Misri-ni-we”（米西里－尼－威），与现代阿拉伯语的名字“Misr”（米瑟）相近。它们不同于现代英语化的拼写和习惯，并且能够使人们对埃及语的发音与准确韵律稍做思考。[5]

为埃及语服务的现代圣书体文字

铭文的出版不得不在一开始就解决一个困难的技术问题——圣书体字符的处理。最早的出版物都是临摹古代手写文本的雕版，依靠的是碑铭学家对一篇铭文的准确临摹与再造，《埃及记叙》（*Description de l'Égypte*）、商博良的《埃及和努比亚的遗迹》（*Monuments de l'Égypte et de la Nubie*）以及理查德·莱普修斯所率普鲁士考察队的《埃及和埃塞俄比亚的遗迹》（*Denkmaeler aus Aegypten und Aethiopien*）等不朽著作均是如此。随着埃及学作为一门严肃学科的建立以及出版书籍与其他资料的需求的出现，印刷商开始着手解决圣书体字体的问题。出版商曾采用排版图书的方式，即每个词使用单个的金属活字，按页排版。对由20多个符号组成的字母表来说，这意味着每页有几千个相似的字符，放置它们需要一定的技巧。圣书体文字排版的工作量不亚于此，而字符的制作更为困难，因为单是中埃及语就使用了几百个不同的符号。此外，有些符号本身就极其复杂和精细。为了出版包含数千个符号的艾德福神庙与丹德拉神庙的文献，驻开罗的法国东方考古研究所（Institut Français d'Archéologie Orientale，IFAO）率先开发了圣书体字体的字符。这些符号必须被准确地从神庙墙上复刻下来，制成金属活字，排版成页，随后送印。早期的 IFAO 字体包含空心的轮廓符号，额外的细节必要时可以填补到空白内。这个过程想必非常耗时，后来他们意识到最好的折中方式是为托勒密时期的圣书体文字制作包含所需精致细节的实心符号。[6] 单是首先出版的艾德福神庙的八卷文献合集中，印满圣书体文字的页面就超过了 3000 页，这项里程碑式的工作今天仍在继续，由希尔薇·考维尔和她的团队在艾德福神庙和丹德拉神庙中进行。

德国已经开发出所需的字体用于语法书和《埃及语杂志》的印刷，Theinhardt 字体以清晰的内部细节（1875）构成了“开放式”的圣书体文字。1892 年在英国，出版商哈里森公司已有了一套包含 15 种不同类别的埃及圣书体活字的目录，它们被用于大英博物馆的出版物及其他出版物。它们产生的背景是，为了《圣经》在全世界范围内的发行，基督教知识促进会（SPCK）正在以各种当地语言和字体印刷《圣经》，因此在乌尔都语、埃塞俄比亚语、汉语与阿拉伯语之外再多制作一种字体并不成问题。

另一种主要的圣书体字体由牛津的格里菲斯研究所研发，它基本上是为了出版加德纳的《埃及语语法》而做。圣书体字体的设计交给了曾在底比斯墓地工作过的艺术家诺曼·戴维斯和妮娜·戴维斯。妮娜·戴维斯著有一本埃及圣书体文字的书，其中以精心绘制的水彩画重现了象形文字符号的艺术光辉。这两位艺术家与加德纳合作创立了一套独特的字体，相当细致地再现了每一个符号。他们的技艺与牛津大学出版社中被埋没的工匠不相上下，特别是一个叫毕尔顿（W. J Bilton）的工匠。[7] 牛津字体是为在英国使用而特别设计的，并且只适用于短小的文本，所以许多长文本依旧以手写摹本的方式出版。这样就为天赋异禀的埃及文书法家提供了展示技艺的机会，虽然通常是匿名的——例如，赫伯特·费尔曼曾抄写了中埃及语的故事、专有名称以及艾德福神庙的铭文。牛津字体以克里奥字体的形式留存了下来，该字体由克里奥·哈根斯设计，是在加德纳字体的基础上设计的计算机字体。

计算机生成的圣书体文字

计算机辅助埃及学研究中心（Centre for Computer-Aided Egyptological Research，CCER）最初的工作重点之一是为圣书体文字研发一种新的计算机字体和一个词语处理程序，用以编写计算机中的圣书体文档。自 1988 年开始，约翰·哈罗夫和德克·范·德·普莱斯所主导的团队一直进行着这一研发工作。[8] 埃里克·奥博格最初研发的 MacScribe 和 WinScirbe 字体发展成了一个复杂的应用，能够横写或竖写文本，也能由右至左或由左至右书写，还能随意组合符号和标红部分文本。圣书体文本还可被粘贴至任一词语处理软件中，从而使文本的生成变得简单。与 CCER 字体和词语处理应用一同出现的还有其他计算机象形文字字体应用，如萨卡拉科技的 Inscribe 软件（1994）、趣味教学软件，还有电脑版的埃及棋类游戏，如塞奈特棋，电脑游戏不再仅限于以埃及为主题。CCER 则更胜一筹，它不仅提供了一个包含 700 个符号的标准字体库，还为那些更具冒险精神的人提供了完整的托勒密字体作为补充。这个看起来只适合勇敢者的举措，却被证明是整个企划成功的关键。一直致力于出版丹德拉神庙铭文的法国驻开罗考古研究所，看到了通过 CCER 的程序实现计算机文本生成的机会。新出版的丹德拉神庙奥西里斯祠堂的文献就是工整干净的神庙文本，含有按需设计的“新”符号，并且扩展了现有的字体库。与此同时，新技术创造了新的可能，即研究者可以在神庙工作现场使用笔记本电脑，将墙上的文字直接以可用于出版的格式录入电脑，并同时进行翻译。构想中的新设备能直接在石头墙面上核查文本，而不用查阅照片或等到很久之后再返回现场核对。另一方面，这项成果还能直接将文本上传至服务器，使其即刻就能在网上被获取。从墙壁到网络，就在同一天内！借助网络摄像头，研习某一特定文献的学生甚至可以即时在任何一家博物馆或埃及的其他地方获取所需的文本，直接研究原文，拓展学习的视野。这些设备也对文本的获取至关重要，它们使文本清晰易读，并有助于文本的保存。

圣书体文字破译的重要性

文献学家的成就开启了一个埃及信息的宝库。常言道，圣书体文字的破译带来了埃及学学科的建立。虽然留存下来的文献数量十分稀少，但文本信息确实丰富了我们对古埃及的了解，而且若非如此，我们对古代文化也不会建立如此多样的理解。考古学提供了建筑的语境、宗教与墓葬风俗的实物证据，为精英阶层制造的专门产品，有时甚至是古人自己的遗体。而文本信息使我们知晓了古人的名字、职位、思想、诗作及兴趣，由此向我们展示了他们更广阔的宇宙观或困扰他们的世间琐事。这些私人的想法、税单、生活细节甚至重要的国家大事无法清楚明白地保留在考古环境之中。譬如，如果没有一篇以他的死亡为开篇、以他的灵魂给自己儿子建议为情节展开的教谕文学，我们不会知道阿蒙涅姆赫特一世被刺事件。一篇详细记载盗墓审讯过程的宫廷记录，为我们勾画出新王国晚期埃及腐败与玩忽职守的画面，显示了底比斯西岸如何依靠盗墓所获得的赃物苟延残喘。埃赫那吞写给他的神的诗句充溢着个人情感，致死者的信中诉说着丧亲之痛与身后之爱，莎草摇曳的沼泽中摆渡者的玩笑使旧日重现，阿蒙神在哈特谢普苏特母亲处的造访则充满含蓄的情色与欢愉。

对在埃及的考古学家来说，圣书体文字是无处不在的，即使是在最艰难的法老时代遗物的发掘中，也总会发现文本信息，即使只是一个带有王名圈的小戒圈。考古发现与文献记录承载的是不同种类的信息，反映出一个地点的往事的不同侧面。塞伊思城因第二十六王朝的宗教铭文与请愿雕像而闻名。当时，一系列权势显赫的地方统治者管理着奈特女神的崇拜中心。这里还矗立着献给阿图姆、奥西里斯、哈索尔，可能还包括索贝克等神灵的神庙。除此之外，一座雕像记载了圣湖的建造，记录了它的确切大小，还有一个专门用于饲养奈特女神的圣牛的特殊区域，而一座石棺证实了重要的大墓地的存在。这些地方都不是通过考古发掘而得以发现的，实际上，诸如奈特神庙之类的建筑可能已再无踪迹可寻。另一方面，近来的考古工作发现塞伊思城有两个主城区，其中的人类活动可追溯至新石器时代（约公元前 4500 年），遗址上还有一个拉美西斯时代晚期的大型定居点，这些在文献上都不甚清晰。然而两种类型的调查拼凑出了这座古代城市从早期到现今的历史与生活。结合不同的证据可以为我们带来丰富的信息，从河流对城市的影响（通过地理考古调查）到波斯时期的投敌者乌加霍列森尼的存在（通过他雕塑上的圣书体文本）。对喜好拼图游戏的埃及学家而言，每条有价值的微小线索，无论是刻于石头之上还是写于三角洲的淤泥之中，毋庸置疑都是宝藏。[9] 文本与艺术、文物与纪念碑合力为我们绘制了一幅古代社会及其人群的画卷。

| 第七章 |

现代世界中的象形文字

07

1994年大英博物馆举办的名为“时间机器”的展览联结了古代艺术与现代艺术，并将古埃及视为当代艺术的灵感来源。在艺术家大卫·西斯科创作的一块蚀刻锌板上，罗塞塔石碑的圣书体文字被压制成了一段现代的条形码，暗示二者同样含有加密信息，同样需要读者拥有解码能力，二者因这一共同点而彼此相连。条形码需要相应的计算机程序与硬件设备，而罗塞塔石碑则要求读者具备圣书体文字的知识来“破译密码”。这便是罗塞塔石碑这一意象所拥有的力量，它代表着破解古埃及象形文字的关键，虽然石碑上的圣书体文字写于托勒密时期，以埃及人的标准来看，这些图画文字在那时已经变得陌生了。[1]

埃及向我们展现了刻有铭文的石头的力量。在后期的埃及，“魔法”雕像林立在神庙的区域内，雕像上刻满了圣书体文字，这些文字书写的是魔咒，用于治愈蛇蝎叮咬、驱散黑夜中的恐怖以及驱使神灵为他们的仆从提供庇佑。浇过石碑及碑面上的圣书体文字的水被收集起来内服或外用，甚至病人触摸一下石头便可康复。人们并不需要阅读这些文字，只要相信它们的力量就好。这种力量在更早的时期就已经出现了——在国王赐予朝臣的礼物上，譬如庆祝佩皮二世赛德节的油膏罐。这些雪花石膏制作的容器边上刻有国王的名字，这或许是为了增强油膏的力量，赋予人青春力量。中王国时期辛努塞尔特一世的朝臣则收到了国王所赠的牡蛎壳，有真的有贵金属制成的，贝壳上镌刻有国王的名字，以增强魔力、保佑身体健康，而牡蛎壳本身在埃及语中也意为“完整健全”。第十八王朝时，由相对便宜的费昂斯琉璃制成的戒指托上刻有阿蒙荷太普－奈布玛特拉、埃赫那吞、斯曼卡拉以及图坦卡蒙等国王的名字。小巧精美的化妆品罐子上有泰伊王后与阿蒙荷太普的名字，这些名字起着近乎护身符的作用。借由圣书体文字，这些物件提示着国王的存在，呼唤着他的力量。文字的细节并不太受重视，放置在巴拉蒙（Tellel–Balamun）神庙奠基坑中的石板上随意写着舍尚克三世的名字及缩写了的祭司荷尔的头衔，这些名字几乎难以辨认。[2]

有时候圣书体文字会被用作象征性的装饰：墙壁的边框由安可（ankh）、瓦斯（was）和杰德（djed）三个符号组成，象征带来“生命、力量、稳定”；图坦卡蒙的一个王名圈形状的盒子的盖上嵌有他的名字。另外，所有埃及护身符都可被视作圣书体文字，它们拼写出了所召唤的力量之名。

然而，古时最常见的文本是由僧侣体而非圣书体书写的。也许因为僧侣体文字缺乏“魔力装饰性”，所以保留下来的多是圣书体铭文；甚至到了现代，我们依然秉持着圣书体文字最初的用法，即将文字转化为装饰——我们可以用它们写下自己的名字，将它们印在T恤上，利用它们的视觉冲击力。连学者们也难以摆脱这种矛盾的做法——在现代研究中，僧侣体原稿多被转写为圣书体文字以供学生学习。对人们来说，从僧侣体文字开始学习或许更为简便，因为比起圣书体文字，僧侣体文献的种类更丰富，涉及的社会群体更广泛。毕竟数百万人可以成功学会汉字，照理说僧侣体和世俗体文字也不会更难。从乔治·穆勒在 1909 — 1912 年所著的《古文书学研究》（*Hieratische Paläographie*）到乌苏拉·范霍文的新版本，僧侣体文字多少都受到了忽视，或许主要原因在于无法精确地复制文本。同样的问题也发生在世俗体文本上，但是数码技术的引入使我们现在可以更加便利、低廉地获取文献，正如世俗体字典项目、密歇根大学的泰布图尼斯（希腊）纸草研究、麦迪纳僧侣体陶片研究这些项目中的做法那样。上述文本均可在网页上浏览，任何可以上网的人都能即刻获得它们。[3]

圣书体文字的翻译

在过去 200 年间构建的学术基础之上，现在的我们已经能通过多种方式理解埃及语文献。将埃及语文献翻译为现代语言的工作进展显著，虽然这也带来了其他的理解方式。翻译从本质上倾向于将原文转化为容易理解的现代语句，同时也要维持与古代文本间的平衡，然而目前的结果可能是完全的意译或是极度生硬的字面翻译，让人一头雾水。翻译的技巧在于找到平衡点，保留埃及语的韵律与句式结构，同时也能轻而易举地理解原文的意思。在英语的发展过程中，其文风也发生了改变，但是相对而言，英语中的某些形式似乎更适合埃及语材料，特别是“钦定版”英语——英王詹姆斯一世于1611年颁行的《圣经》中的英语。当时翻译《圣经》的学者们以前人的尝试作为基础，特别是廷代尔翻译的《新约》（1526）与《摩西五经》（1530）。他们去掉了其中不合时宜的语句，如1560年日内瓦《圣经》（“短裤版”《圣经》）中亚当和夏娃用以蔽体的“短裤”，同时保留了文本中的诗意与戏剧性。[4] 埃及语的翻译也需要如此精雕细琢的过程，但由于许多圣书体文本已经充满“古风”，在翻译中使用古色古香的语言也说得通。虽然对文本的理解存在争议，尤其是针对“历史”事件或故事中的关键情节，但每个翻译埃及语文本的人都会将自己的一些经验带入其中，并最终从中获得一些对自己而言独特的感悟。或许对古埃及的一切越有体会，他们的翻译就会越准确，对待任何异域文化、异域语言，均是如此。早期的破译者们便是如此，过了一段时间之后，触及文本要点的用词变化才渐渐显现。

下面是出自阿玛尔纳的阿伊之墓的《阿吞颂歌》（约公元前1330年）的四个翻译版本。它们显示了译者风格的不同，但有趣的是所有版本都保留了原文的诗性。

煌煌如你，跃升于天国的光之地，
噢，生气勃勃的阿吞，生命的创造神！
当你赐予东方的光之地以黎明，
你的美遍及了大地。[5]

——米利亚姆·利希姆
（Miriam Lichtheim），1976年

你以完美之姿，升起在天之地平线，
活着的阿吞神，开启了生命。
无论何时升起于东方的地平线，

你都以自己的完美充盈所有土地。[6]

——威廉·凯利·辛普森

（W. K. Simpson），1972 年

汝生于天国之滨，

噢，活着的阿吞，众生之始。

汝令东方破晓，

汝赐美满人间。[7]

——西里尔·奥尔德雷德

（Cyril Aldred），1991 年

让你的圣光，闪耀自天极，

啊，活着的阿吞，

你是万物的源泉！

从东方的地平线，升起流光溢彩的你，

用自己的美丽，湮没了这世界。[8]

——约翰·L. 福斯特

（John L. Foster），1998 年

坚持对原文进行学术研究与分析，不仅是为了

带来上述这般的翻译，还将增强对埃及语言的系统性了解和对古埃及文明方方面面的详细认知。

学习古埃及圣书体文字

在我们这个时代，对于古埃及的兴趣激发了人们学习古代语言的需求与意愿，人们渴望能够自己阅读文献。电视媒体、花费较低的埃及之旅、不同级别的教育课程以及随处可见的埃及主题的图书，让遥远的过去以一种前所未有的方式变得近在咫尺。在一定程度上，任何人都可以轻松地找到用圣书体文字书写自己名字的方法，或者努力一些就能找到夜校课程、一本教科书，甚至一个网站来提高语言能力。一些人则更为专注、更有组织，例如在英国，志同道合的人组成的本地小组定期会面，组织演讲与课程。一些人加入这样的小组，以解读象形文字为乐，并发自内心地想了解埃及人的文字。比起埃及历史上的任一时期，当今世界对古埃及圣书体文字略知一二的人可能更多。比起古埃及，也有更多的现代人能够造访埃及那些最为神圣的场所。圣书体文字是全球公认的古埃及符号，而且人们现在甚至以圣书体文字来命名航天探测器，谁又能猜到它们会传播到宇宙的何处呢？

当然，倘若没有大量的文献，这一切便不可能发生，而文献也不像教辅材料那样容易获得。此外，初学者还需要一批优秀的译本，这样他们才能看到努力的方向并在学习过程中得到指引。在这方面，通过网页和 CD 光盘发布的材料是最理想的，因为相较于传统出版物，这样的方式更适用于图像性的文字。实际上，借助网页与计算机来简单又低廉地复制圣书体文字几乎就是这些文字一直在等待的技术革命。一篇文本只需编辑一次，就可以被千百万次地下载。为了达到这个目的，几家机构一直致力于文献材料的出版发行。博物馆开始使用网页来展示藏品和他们保存的资料，带有铭文的文物的高清图片可以用作现成的学习材料。实现全部藏品的在线浏览还任重道远，因为整合所有信息需要时间，但是以卢浮宫、开罗博物馆、大都会博物馆和皮特里博物馆为代表的诸多博物馆已经有了完善的资料库。此外，欧盟资助的商博良项目也开放了埃及的资源，该项目将来自欧洲博物馆的15 000件藏品资料制成了CD，包括藏品的相片、目录资料以及圣书体文献。此类项目的最终归属地是网络空间。研究者可以借助网络获取资料，他们中的一些人将会在藏品的收录和解读方面贡献自己的力量。

比简单的复制文本更为复杂的是彼得·曼努埃里安开辟的数字碑铭学。在过去的150年中，对墓室与神庙墙壁浮雕的复制主要靠手工完成——采用拍照的方式或直接从墙上复制到纸上或塑料材料上。结果是令人惊叹的，特别是诺曼·戴维斯和妮娜·戴维斯夫妇的底比斯墓葬项目、阿米斯·卡尔弗利和默特尔·布鲁姆的阿拜多斯项目以及芝加哥铭文项目在哈布城的工作。然而在过去，出版是十分昂贵的，而且无法实现低成本的复制。彼得·曼努埃里安现已能通过将高品质的照片扫描进一个绘图应用来复制墓室场景及其全部文本，然后绘制出雕刻或图画的线图。该技术要求高超的技能与专业的判断，但是成果一旦完成微调，就能无限重复使用、存储或者制成电子版。[9]另外，由于计算机文件的格式更加通用，在虚拟环境中，建筑物的所有墙壁都可以连接在一起，访问者可以环顾墓室壁画，了解原始环境下的场景与文本是什么样子。如果以此作为目标，那么奈菲尔塔利墓和阿布辛贝神庙已在进行虚拟现实的重建。[10]

现代圣书体文字与埃及语

如果未来圣书体文字能从原始位置被直接扫描至个人电脑，是否有一天人们能读到所有的文献？此刻这个目标看似依旧遥远，但是比 20 年前所想象的已经更近了一步。学者们或许会穷尽可研究的文本，而现代的书写者们却可以开始创作新的圣书体文本。古董造假者从几百年前起就开始这么做了，但有时赝品上的铭文是抄自其他物品的、完全编造或东拼西凑的。文物市场上刻有铭文的古董会卖出更高的价格，所以有时没有铭文但确是真品的物件会被刻上铭文来“锦上添花”。时刻谨记，埃及人在抄录文本时有时会粗心大意。克利夫兰博物馆的一个沙布提俑（ushabti）就有些问题，这个俑正面的文本写着*ḏd mdw in Wsir* …“奥西里斯说……”这样的套语，而不是“照亮这位奥西里斯……”这样常见的套语。虽然也有其他沙布提俑有这种情况，但是考虑到其细节上混杂了不同年代的风格，权衡而言这个俑不是真品。而另一方面，在一座刻有哈索尔母牛与小牛的石碑上，主要的铭文是三行糟糕的圣书体文字，虽然这些文字明显源自一篇真实的文献，但它们的阅读方向混乱且词不达意。光从这一点来看，它就一定是赝品吗？还是说，仅仅是粗制滥造了一些呢？[11]

其他文物的造假可能更危险，比如第二十六王朝第二位国王尼卡乌二世那件著名的圣甲虫护身符。这个石灰岩制的护身符本身并不值得特别关注，但是上面的铭文讲述了国王雇用腓尼基水手环绕航行非洲的故事。护身符当时确实可能被用于纪念这一事件，且它似乎证实了希腊历史学家希罗多德关于此事的记载（《历史》第四卷，第42章）。可惜这件事是希罗多德记载在先，因为这个圣甲虫护身符是埃及学家乌尔贝恩·布里安特雕刻给同事的生日礼物。[12]如果仔细看这个护身符的话，可以看出男性端坐的限定符号露出了马脚，因为它们的风格是现代印刷版的。

值得欣慰的是，其他企图伪造圣书体铭文的做法显然未能成功，例如伪造《高卢英雄和克里奥佩特拉》中克里奥佩特拉与埃及人的一些话语。[13] 也有现代人尝试聆听古埃及的语言——菲利普·格拉斯的歌剧《埃赫那吞》中就有部分内容以埃及语演唱，其中就包括一篇情诗。还有一些电影试图让其中的角色说出清晰的中埃及语，尽管有时是时代错位的——例如，《木乃伊的裹尸布》（1967）、《斯芬克斯》（1980）、《木乃伊》（1999）和《星际之门》（1994），这些影片都尽了最大的努力来准确呈现古埃及语，这归功于埃及学家斯图亚特·史密斯的努力。这些都确确实实在尝试以一种已“死”的语言为现代人创造视听体验，而古埃及圣书体文字所记录的却未必是这样一种“死”语言。或许，未来我们真的可以用古埃及人的方式思考，并重新勾勒出过去清晰的形象。但那究竟是属于我们的形象，还是属于他们的呢？

注 释

第一章　古埃及文字的起源

1. 参见 H. Winkler, *The Rock Inscriptions of Southern Upper Egypt, I–II*, London: Egypt Exploration Society, 1938–1939。

2. 参见 B. Midant–Reynes, *The Prehistory of Egypt*, Oxford: Blackwell, 2000, 149–150 Gilf Kebir/Uweinat。

3. 关于陶器上的船画，参见 G. P. Gilbert, 'Some Notes on Prehistoric Decorated Vessels with Boat Scenes', *The Bulletin of the Australian Centre for Egyptology*, 10, 1999, 19–37 以及个人通信。

4. 100 号墓：参见 J. E. Quibell and F. W. Green, *Hierakonpolis* II, London: Quaritch, pls. LXXV–LXXIX；年代鉴定参见 B. J. Kemp, *Ancient Egypt: Anatomy of a Civilization*, Cambridge University Press, 1989, 40–41。

5. 涅伽达 III a2 约公元前 3200 年：参见 G. Dreyer, *Umm el–Qaab I Das prädynastische Königsgrabe U–j und seine frühen Schriftzeugnisse*, Mainz am Rhein: Phillip von Zabern, 1998。

6. 丹：参见 W. M. F. Petrie, *The Royal Tombs of the First Dynasty 1900, I*, London: Egypt Exploration Fund, 1900；重新发掘的成果参见 G. Dreyer et al., 'Nachuntersuchungen im frühzeitlichen Königsfriedhof 9/10 Vorbericht', *Mitteilungen des deutschen archäologisches Instituts in Kairo* 54, 1998, 141–164；G. Dreyer et al., 'Nachuntersuchungen im frühzeitlichen Königsfriedhof 11/12 Vorbericht', MDAIK 56, 2000, 97–118。该印章盒现藏于大英博物馆，EA 35.552。

第二章　象形文字与埃及语

1. 巴勒莫石碑的所有残片发表参见 T. A. H. Wilkinson, *Royal Annals of Ancient Egypt: The Palermo Stone and its Associated Fragments*, London and New York: Kegan Paul International, 2000。

2. 词形变化，即句子中的单词根据其词性或用途的不同而改变其拼写和发音。在拉丁语中表现得最为明显：例如，在 canis latrarat“狗吠”中，canis 做主语（动作的执行者），但在 canem homo calcitrat“人踢了狗”中，canem 做宾语，是动作的承受者，其拼写发生了变化。

3. 假动词结构中动词被当作副词来使用，因此而得名。这个称呼已有些过时，但仍用于主流的埃及语法书中。

4. J. P. Allen 的 *The Inflection of the Verb in the Pyramid Texts*, Malibu: Udena Publications，1984 针对铭文的特性及动词有着实用的见解。

第三章　圣书体文字与埃及艺术

1. 圣书体文字的方向：参见 H. Fischer, ‘L’inversion de l’écriture égyptienne’, in *L’écriture et l’art de l’Égypte ancienne*, Paris: Presses Universitaires de France, 1986, 51–93。

2. 参见 Sabine Kubisch, ‘Die Stelen der 1 Zwischenzeit aus Gebelein’, MDAIK 56 (2000), 239–265，见 Abb. 1 p. 246；Sir Arthur Conan Doyle, ‘The Adventure of the Dancing Men’, from *The Return of Sherlock Holmes*, London: John

Murray, 1905。

第四章 

1. 译自 A. G. McDowell, *Village Life in Ancient Egypt*, Oxford: Oxford University Press, 1999, 118–120。

2. 该文本的另一版本参见 W. Murnane and C. C. Van Siclen III, *The Boundary Stelae of Akhenaten*, New York and London: Kegan Paul International, 1993, text VII:B, 95–96。

3. 由 J. E. Quibell 发表，*The Ramesseum*, London: Egypt Exploration Fund, 1896. Contents listed by R. B. Parkinson, *The Tale of the Eloquent Peasant*, Oxford: Griffith Institute and Ashmolean Museum, 1991, xi–xiii。

4. 大英博物馆 no. 498，参见 M. Lichtheim 翻译的 *Ancient Egyptian Literature, Volume I: The Old and Middle Kingdom*, Berkeley: University of California Press, 1973, 51–57。

5. 参见 M. Lichtheim 翻译的 *Ancient Egyptian Literature, Volume III: The Late Period*, Berkeley: University of California Press, 1980, 125–138。

6. 参见 S. Sauneron, *Le Temple d'Esna*, Cairo: IFAO, 1963, 126。鳄鱼符号的解读见：J.–C. Goyon,

Valeurs phonétiques des signes hiéroglyphiques d'époque gréco–romaine, Montpellier: Service des Publications de la Recherche de l'Université de Montpellier, 1988, ii. 350–351。

7. 参见 J. Zandee, *An Ancient Egyptian Crossword Puzzle*, Leiden: Ex Oriente Lux, 1966；H. M. Stewart, 'A Crossword Hymn to Mut', *Journal of Egyptian Archaeology*, 57 (1971), 87–104；R. B. Parkinson, *Cracking Codes: The Rosetta Stone and Decipherment*, London: British Museum, 1999, 84–85。

8. 卢浮宫 C12 石碑，参见 E. Drioton, 'Recueil de cryptographie monumentale', *Annales du Service des Antiquités de l'Égypte*, 40 (1940), 306–427。

9. Kenneth Williams 饰 Julius Caesar，喜剧 *Carry On Cleo*，Talbot Rothwell 编剧，Gerald Thomas 导演，1965。

第五章　书吏与日常书写

1. 转写参见 J. Černý, *Late Ramesside Letters*, Brussels: Fondation Égyptologique Reine Élisabeth, 1939, no. 28, pp. 44–48；翻译参见 E. Wente, *Letters from Ancient Egypt*, Atlanta: Scholars Press, 1990, 194–195。

2. 参见 A. G. McDowell, *Village Life in Ancient Egypt:*

Laundry Lists and Love Songs, Oxford: Oxford University Press, 1999, 134–135，基于 P. W. Pestman 的著述，'Who were the Owners in the Community of Workmen of the Chester Beatty Papyri?', in R. J. Demarée and J. J. Janssen (eds.), *Gleanings from Deir el–Medina*, Leiden: Nederlands Instituut voor het Nabije Oosten, 1982, 155–172。

3. 参见 K. Ryholt, *The Story of Petiese, son of Petetum and 70 Other Good and Bad Stories*, Copenhagen: Museum Tusculanum Press, 1999。

4. 参见 T. G. H. James, *The Letters of Hekanakhte and Other Early Middle Kingdom Documents*, New York: Metropolitan Museum of New York, 1962；see also for extracts and discussion R. B. Parkinson, *Voices from Ancient Egypt*, London: British Museum Press, 1991, 101–107。

5. 参见 Anastasi I, P. Koller, and A. H. Gardiner, *Egyptian Hieratic Texts: Literary Works of the New Kingdom, Part I*, Leipzig: J. C. Hinrichs, 1911；E. Wente, *Letters from Ancient Egypt*, 98–110。

6. Annie Gasse 根据保存下来的文字拼凑出了六篇文献，同时也指出文献的遗存情况极其不均。参见 A. Gasse, ‘Les ostraca hiératiques de Deir el–Medina: nouvelles orientations de la publication’, in R. J. Demarée and A. Egberts (eds.), *Village Voices*, Leiden: CNWS, 1992, 51–70。

7. 参见 F. Ll. Griffith and W. Petrie, *Two Hieroglyphic Papyri from Tanis*, London: Egypt Exploration Society, 1889。

8. 参见 A. H. Gardiner, *Ancient Egyptian Onomastica*, 3 vols., Oxford: Oxford University Press, 1947。

9. 参见 G. Robins and C. Shute, *The Rhind Mathematical Papyrus*, London: British Museum Press, 1998。

10. 巴肯孔斯：参见 Munich, Staatlicher Sammlung Ägyptische Kunst, Gl. WAF 38 及 Karnak, Cairo CGC 42155 和 K. A. Kitchen, *Ramesside Inscriptions, III*, 295–299。

11. 参见 D. Wildung, *Egyptian Saints: Deification in Pharaonic Egypt*, New York: New York University Press, 1977。

第六章　古埃及文字的破译

1. 参见 G. Boas, *The Hieroglyphics of Horapollo*, Princeton: Princeton University Press, 1993。

2. 1972 年埃及学家针对埃及语研究的状况组

织了一次自我调研：参见 S. Sauneron (ed.), *Textes et langages de l'Égypte pharaonique: Cent cinquante années de recherches 1822–1972. Hommage à Jean–François Champollion*, 2 vols., Cairo: IFAO, 1972。

3. 参见 J. Johnson, 'Focusing on Various Themes', in P. Frandsen and G. Englund (eds.), *Crossroad: Chaos or the Beginning of a New Paradigm. Papers from the Conference on Egyptian Grammar 1986*, Copenhagen: Carsten Niebuhr Institute of Ancient Near Eastern Studies, 401–410。

4. J. A. Wilson 的翻译（埃及语）与 A. Goetze 的翻译（赫梯语）的对比可参见 J. Pritchard (ed.), *Ancient Near Eastern Texts Relating to the Old Testament*, Princeton University Press, 1950 (and later editions), 199–203；另外可参见 K. A. Kitchen, *Pharaoh Triumphant*, Warminster: Aris & Phillips, 1982, 75–79。

5. 参见 W. L. Moran, *The Amarna Letters*, Baltimore: Johns Hopkins University Press, 1992。

6. 法国东方考古研究所（IFAO）2002 年的目录展示了早期的排版过程与字体（p. 3）。

7. 参见 A. H. Gardiner, *Egyptian Grammar*, 3rd

edn., Oxford: Griffith Institute, 1979, ix–xvi。

8. 参见 N. Grimal, J. Hallof, and D. van der Plas, *Hieroglyphica, Volume* I, Utrecht and Paris: CCER, 1993 with 4,706 signs；增补后的列表参见 *Hieroglyphica, Volume I* 2, Utrecht and Paris: CCER, 2000。

9. 参见 P. Wilson, *The Survey of Saïs*（待发表）及 *Journal of Egyptian Archaeology* 中 1997 年以来的报告。

第七章　现代世界中的象形文字

1. 参见 David Hiscock, no. 5, 'Time Machine: Ancient Egypt and Contemporary Art', British Museum and Institute of International Visual Arts, 1994。

2. 参见 A. J. Spencer, *Excavations at Tell el–Balamun 1995–1998*, London: British Museum Press, 1999, 90。

3. 泰布图尼斯纸草：参见 http://sunsite.berkeley.edu/APIS/ (current in Summer 2002)；Deir el–Medina online: http://www.uni–muenchen.de/dem–online/ 选择"登录"（2002 夏）。

4. 关于《圣经》的翻译方法，参见 G. Hammond, *The Making of the English Bible*, Manchester: Carcanet

New Press, 1982。

5. 参见 Miriam Lichtheim, *Ancient Egyptian Literature, Volume II*: The New Kingdom, Berkeley: University of California Press, 1976, 96。

6. 参见 William Kelly Simpson (ed.), *The Literature of Ancient Egypt*, New Haven: Yale University Press, 1972, 290。

7. 参见 Cyril Aldred, Akhenaten, *King of Egypt*, London: Thames & Hudson, 1988, repr. 1991, 241。

8. 参见 John L. Foster, *Echoes of Egyptian Voices. An Anthology of Ancient Egyptian Poetry*, Norman, Oka. University of Okhlahoma Press, 1998, 5–18。

9. 参见 P. Der Manuelian, 'Digital Epigraphy at Giza', Egyptian Archaeology 17 (Autumn 2000), 25–27 and *Journal of the American Research Center in Egypt* 35 (1998), 97–113。

10. 阿布辛贝神庙可参见 http://www.ccer.nl 并点击"阿布辛贝神庙"的链接；奈菲尔塔利墓壁画由 Maris Multimedia Limited 公司在 *Atlas of the Ancient World* 发布，参见 http://www.cominf.ru/maris/ 和 http://www.cominf.

ru/maris/aaw/aawdemo/aawdemo–htm（2002 年夏）。

11. 由 L. Berman 和 K. Bohac 与克利夫兰博物馆其余藏品一起出版，*Catalogue of Egyptian Art, Cleveland Museum of Art*, 1999, nos. 510 and 496。

12. 可能由 W. M. F. Petrie 重新发表，参见 'The First Circuit Round Africa, and the Supposed Record of It', *Geographical Journal*, 32 (July to Dec. 1908), 480–485。真相揭露参见 G. Steindorff, 'Fakes and Fates of the Egyptian Antiquities', *Journal of the Walters Art Gallery, Baltimore*, 10 (1947), 54–55；另可参见 H. de Meulenaere, *Herodotos over de 26ste Dynastie*, Leuven: Universiteit van Leuven, 1951, 62。

13. 参见 Goscinny and Uderzo, *Asterix and Cleopatra*, 最初在 1965 年出版。

年代表

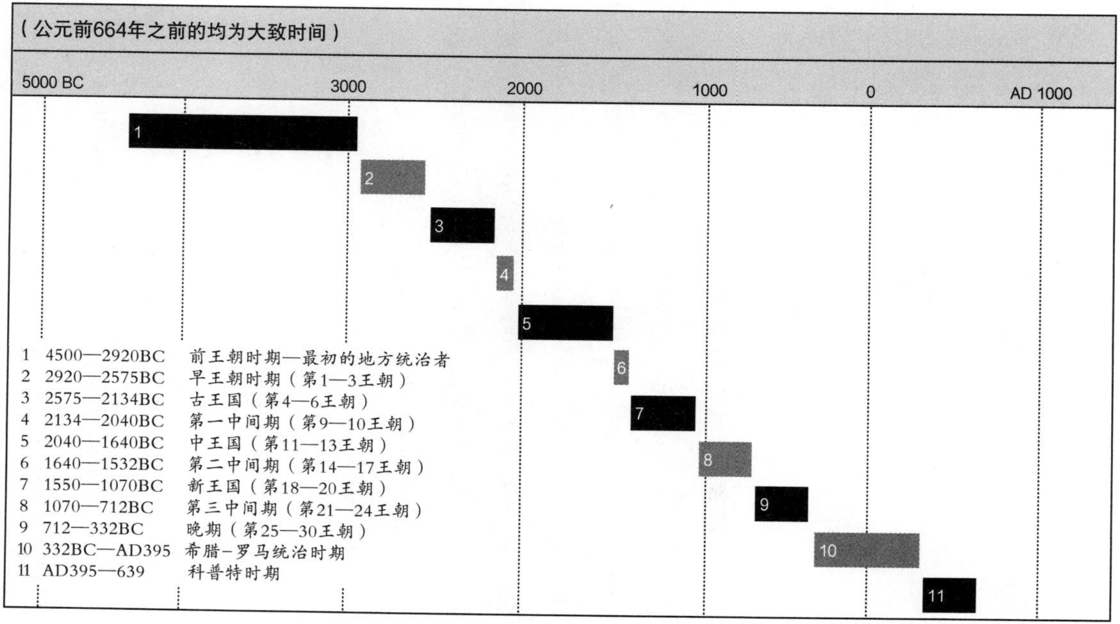

节选自 J. Baines and J. Malek, *Atlas of Ancient Egypt*, Oxford: Phaidon, 1980.

进一步阅读书目

早期国家，文字及发展

Baines, J., 'Literacy, Social Organization, and the Archaeological Record: The Case of Early Egypt', in J. Gledhill, B. Bender, and M. T. Larsen (eds.), *State and Society: The Emergence and Development of Social Hierarchy and Political Centralization*, London: Unwin Hyman, 1988, 192–214.

Baines, J. and Yoffee, N., 'Order, Legitimacy, and Wealth in Ancient Egypt and Mesopotamia', in G. M. Feinman and J. Marcus (eds.), *Archaic States*, Santa Fe and New Mexico: School of American Research Press, 1998, 199–260.

Parkinson, R. and Quirke, S., *Papyrus*, London: British Museum, 1995.

Postgate, N., Wang, T., and Wilkinson, T., 'The Evidence for Early Writing: Utilitarian or Ceremonial?', *Antiquity*, 69 (1995), 459–480.

埃及语言

Allen, J., *A Middle Egyptian Grammar*, Cambridge: Cambridge University Press, 2000.

Collier, M., and Manley, B., *How to Read Hieroglyphs*, London: British Museum Press, 1998.

Faulkner, R. O., *A Concise Dictionary of Middle Egyptian*, Oxford: Griffith Institute, 1962.

Gardiner, A. H., *Egyptian Grammar*, 3rd edn., Oxford: Griffith Institute, 1957.

Hannig, R., *Großer Handwörterbuch Ägyptisch–Deutsch*, Mainz: Phillip von Zabern, 1995.

Johnson, J. H., *Thus Wrote 'Onchsheshonqy. An Introductory Grammar of Demotic'*, 2nd edn., Chicago: Oriental Institute of the University of Chicago, 1991.

Junge, F., *Late Egyptian Grammar*, Oxford: Griffith Institute, 2001.

Loprieno, A., *Ancient Egyptian: A Linguistic Introduction*, Cambridge: Cambridge University Press, 1995.

Pestman, P., *The New Papyrological Primer*, Leiden: Brill, 1990.

Tait, W. J., 'Approaches to Demotic Lexicography', in S. P. Vleeming (ed.), *Aspects of Demotic Lexicography*, Leuven: Peeters, 1987.

译文选集

Lichtheim, M., *Ancient Egyptian Literature, Volume I: The Old and Middle Kingdom; Volume II: The New Kingdom; Volume III: The Late Period*, Berkeley: University of California Press, 1973–1980.

McDowell, A. G., *Village Life in Ancient Egypt*, Oxford: Oxford University Press, 1999.

Moran, W. L., *The Amarna Letters*, Baltimore: Johns Hopkins University Press, 1992.

Parkinson, R. B., *Voices from Ancient Egypt*, London: British Museum Press, 1991.

Wente, E., *Letters from Ancient Egypt*, Atlanta: Scholars Press, 1990.

象形文字破译

Parkinson, R., *Cracking Codes: The Rosetta Stone and Decipherment*, London: The British Museum, 1999.

Pope, M., *The Story of Decipherment: From Egyptian Hieroglyphic to Linear B*, London: Thames & Hudson, 1975.